D1691720

Journal Entry Testing

Praxistipps IT

Journal Entry Testing

Kersten Christian Droste / Jonas Tritschler
2. Auflage

IDW
IDW VERLAG GMBH

Das Thema Nachhaltigkeit liegt uns am Herzen:

2. Auflage

Das Werk einschließlich aller seiner Teile ist urheberrechtlich geschützt. Jede Verwertung außerhalb der engen Grenzen des Urheberrechtsgesetzes ist ohne vorherige schriftliche Einwilligung des Verlages unzulässig und strafbar. Dies gilt insbesondere für Vervielfältigungen, Übersetzungen, Mikroverfilmungen und die Einspeicherung und Verbreitung in elektronischen Systemen. Es wird darauf hingewiesen, dass im Werk verwendete Markennamen und Produktbezeichnungen dem marken-, kennzeichen- oder urheberrechtlichen Schutz unterliegen. Die automatisierte Analyse des Werkes, um daraus Informationen insbesondere über Muster, Trends und Korrelationen gemäß § 44b UrhG („Text und Data Mining") zu gewinnen, ist untersagt.

© 2024 IDW Verlag GmbH, Tersteegenstraße 14, 40474 Düsseldorf

Die IDW Verlag GmbH ist ein Unternehmen des Instituts der Wirtschaftsprüfer in Deutschland e. V. (IDW).

Satz: Reemers Publishing Services GmbH, Krefeld
Druck und Bindung: C.H.Beck, Nördlingen
KN 12108

Die Angaben in diesem Werk wurden sorgfältig erstellt und entsprechen dem Wissensstand bei Redaktionsschluss. Da Hinweise und Fakten jedoch dem Wandel der Rechtsprechung und der Gesetzgebung unterliegen, kann für die Richtigkeit und Vollständigkeit der Angaben in diesem Werk keine Haftung übernommen werden. Gleichfalls werden die in diesem Werk abgedruckten Texte und Abbildungen einer üblichen Kontrolle unterzogen; das Auftreten von Druckfehlern kann jedoch gleichwohl nicht völlig ausgeschlossen werden, so dass für aufgrund von Druckfehlern fehlerhafte Texte und Abbildungen ebenfalls keine Haftung übernommen werden kann.

ISBN 978-3-8021-2932-2

Bibliografische Information der Deutschen Bibliothek
Die Deutsche Bibliothek verzeichnet diese Publikation in der Deutschen Nationalbibliografie; detaillierte bibliografische Daten sind im Internet über http://www.d-nb.de abrufbar.

Coverfoto: www.istock.com/mastaka

www.idw-verlag.de

Inhaltsverzeichnis

1 Einleitung ... 7
- **1.1 Fortschreitende Digitalisierung** ... 7
- **1.2 Der Zweck von Journal Entry Tests (JET)** ... 8
- **1.3 Pflicht zur Durchführung von JET** ... 10
- **1.4 Journal Entry Tests und die sieben „W-Fragen"** ... 13
  - 1.4.1 Wer? ... 14
  - 1.4.2 Was? ... 15
  - 1.4.3 Wo? ... 15
  - 1.4.4 Wann? ... 15
  - 1.4.5 Wie? ... 16
  - 1.4.6 Warum? ... 16
  - 1.4.7 Woher? ... 17
  - 1.4.8 Empfohlener Mindestumfang von JET ... 17

2 Notwendige Vorüberlegungen zu Datensatzstrukturen ... 19

3 Grundsätzliche Vorgehensweise ... 24
- **3.1 Planungsphase** ... 24
- **3.2 Datenanforderung und -übernahme** ... 26
- **3.3 Datenvalidierung** ... 32
- **3.4 Datenaufbereitung** ... 37
- **3.5 Durchführung der Journal Entry Tests** ... 44
- **3.6 Interpretation der Ergebnisse** ... 44

4 Prüfungsziele und Erläuterung der einzelnen JET-Abfragen ... 46
- **4.1 Prüfungsziele in Verbindung mit JET** ... 46
- **4.2 Erläuterung einzelner JET** ... 48
  - 4.2.1 Anzahl Buchungen pro Erfasser ... 48
  - 4.2.2 Manuelle Buchungen auf Automatikkonten ... 54
  - 4.2.3 Soll-Buchungen sowie Statistik der Umsatzerlöse ... 54
  - 4.2.4 Buchungen mit ungewöhnlichen Buchungstexten ... 57

4.2.5	Gegenkontenanalyse	61
4.2.6	Hohe Auszahlungen bei Kassenkonten	64
4.2.7	Zeitnahes Erfassen und Buchen	64
4.2.8	Buchungen an Wochenenden und Feiertagen	73
4.2.9	Doppelte Buchungen	75
4.2.10	Gerundete Ziffern vor dem Komma	78
4.2.11	Belegnummernlückenanalyse	79
4.2.12	Buchungen über Schnittstellen	80
4.2.13	Buchungen zum Abschlussstichtag	84
4.3	**Möglicher Berichts-/Dokumentationsaufbau von Journal Entry Tests**	**85**

5 Weiterführende Hinweise zur Ergänzung von Journal Entry Tests durch vertiefende Datenanalysen 91

6 Anlage 99

Abbildungsverzeichnis 103

Tabellenverzeichnis 105

Stichwortverzeichnis 107

1 Einleitung

1.1 Fortschreitende Digitalisierung

Die fortschreitende Digitalisierung und der Einsatz von künstlicher Intelligenz (KI) machen auch vor dem Berufsbild des Abschlussprüfers nicht halt. Unternehmen und auch die Finanzverwaltung haben in den vergangenen Jahren zahlreiche Prozesse digitalisiert und führen diese Entwicklung weiter fort. In den Unternehmen ergeben sich als Folge hieraus immer mehr Einzeldatensätze, die in einigen Bereichen nur noch in verdichteter Form im Hauptbuch landen. Die Vielzahl der Buchungssätze, aber auch die oftmals zunehmende Komplexität der IT-Landschaft, führt zu potenziellen Risiken, die der Abschlussprüfer im Rahmen der Risikoanalyse berücksichtigen muss.

Um der Menge an Buchungsstoff und der wachsenden Komplexität Herr zu werden, muss der Abschlussprüfer in die vorhandenen Prozesse und Datenflüsse des Unternehmens eintauchen. Dies wird ohne den Einsatz von Datenanalysen, die zukünftig auch durch die Nutzung von KI geprägt sein werden, nicht mehr möglich sein. Vielmehr wird der Abschlussprüfer sich über die Buchungsvorgänge im Hauptbuch hinaus, mit deren Herkunft aus den diversen Nebenbüchern und Vorsystemen beschäftigen müssen. Nur so wird sich eine effiziente und effektive Prüfung einschließlich einer fundierten Risikoanalyse realisieren lassen.

Der Einsatz von Datenanalysen im Rahmen der Jahresabschlussprüfung stellt nicht mehr nur einen Vorteilsgewinn für den Abschlussprüfer dar. Vielmehr ist es eine Notwendigkeit geworden, die Anforderungen an den Abschlussprüfer zu erfüllen und dem Unternehmen zusätzlich einen Mehrwert aus der Prüfung zu bieten.

Mit diesem Buch soll der Einstieg in die Datenanalyse im Rahmen der Abschlussprüfung erleichtert werden. Es geht den Autoren nicht darum, aufwendige und komplizierte Schritte darzustellen, deren Nachvollziehung schwierig ist. Vielmehr werden unter dem Begriff „Journal Entry Tests" Analysen vorgestellt und in Beispielen verdeutlicht, die sich zu jeder Zeit während der Abschlussprüfung und in nahezu jedem Prüfungsbereich anwenden lassen. Umsetzungsmöglichkeiten unter Nutzung von Microsoft Excel einschließlich Power Query runden das Thema ab.

1.2 Der Zweck von Journal Entry Tests (JET)

Durch Journal Entry Tests (JET) lassen sich Transaktionsdaten zielgerichtet analysieren. Ziel ist es, auffällige Journaleinträge zu identifizieren, die zu Fehlern im Jahresabschluss führen können. Mit Journaleinträgen sind im engen Sinne Buchungen des Hauptbuchs gemeint. Sinnvoll ist es jedoch, zusätzlich auch Daten aus Vorsystemen und/oder Nebenbüchern in die JET-Prüfung einzubeziehen.

Abb. 1.1 zeigt exemplarisch, wie aus der Grundgesamtheit aller Hauptbuchbelege eine Teilmenge auffälliger Belege identifiziert wurde, von denen nach Prüfung der Sachverhalte tatsächlich einzelne fehlerhaft waren.

Unter auffällige Buchungen fallen u.a. manuelle Buchungen, Buchungen mit ungewöhnlichen Beträgen oder ungewöhnlichen Konten- und Soll-Haben-Kombinationen, Buchungen zu ungewöhnlichen Zeiten, Buchungen mit ungewöhnlicher Beschreibung (Buchungstext) und Buchungen, die von nicht autorisierten Personen durchgeführt wurden. Insbesondere sollen auch die Abschlussbuchungen, die regelmäßig auf das Periodenende fallen, untersucht werden.[1]

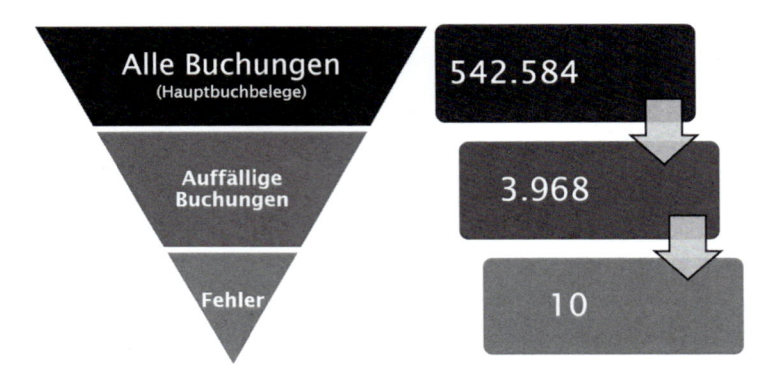

Abb. 1.1 Verhältnis von allen Buchungen bis zur Fehleridentifikation auf Basis von JET anhand eines Beispiels

---

[1] Vgl. ISA 240.33a ii und ISA 240.A43.

Das Center for Audit Quality, das als eine Institution zum AICPA gehört, hat in einer Veröffentlichung die Durchführung folgender JET exemplarisch vorgeschlagen (s. **Tab. 1.1**).[2]

#	JET query
1	Find journal entries that do not balance
2	Find gaps in journal entry number sequence
3	Find high-dollar journal entries
4	Find possible duplicate account entries
5	Find round-dollar journal entries
6	Show journal entry information by employee
7	Find all entries made by a specific employee
8	Show values for the „journal entry type" code
9	Find manual entries
10	Sample journal entries (random or high dollar)
11	Find specific journal entries (by month, day or JE#)
12	Find all entries containing specific account(s)
13	Find all entries within a range of accounts
14	Find post-dated entries
15	Find entries with unusual (non-standard) descriptions
16	Find entries posted on weekend

Tab. 1.1 Beispielhafte JET-Abfragen gemäß dem Center for Audit Quality

Praxistipp:
JET können sich über die im eigentlichen Sinne gemeinte Prüfung von Hauptbuchbelegen des Belegjournals auch auf Vorsysteme und Nebenbücher erstrecken. So können die Ergebnisse weiterführend und zielgerichtet für den weiteren Prüfungsverlauf verwendet werden. JET sollten während der Prüfung ein ständiger Begleiter sein.

Journal Entry Testing kann sich auch auf sämtliche Vor- und Nebensysteme erstrecken, die eine Rechnungslegungsrelevanz aufweisen und damit für die Abschlussprüfung bedeutend sind. Bestes Beispiel dafür sind die

---

[2] Practice Aid for Testing Journal Entries and Other Adjustments Pursuant to AU Section 316, Center for Audit Quality, December 8, 2008.

Einkaufs- oder Verkaufsprozesse in einem Unternehmen, die eine Fülle von Transaktionsdaten produzieren, welche zumeist nur komprimiert ins Hauptbuch übergeben werden.

Auch der zeitliche Aspekt ist weiter zu verstehen. Journal Entry Testing muss für einen digitalen Abschlussprüfer zu einem ständigen Begleiter während der Prüfung werden:

- Zu Beginn der Prüfung ist es wichtig, sich einen Überblick über das Unternehmen zu verschaffen und Risikobereiche zu identifizieren. Journal Entry Testing kann in dieser Phase dazu dienen, offensichtliche Unrichtigkeiten oder grobe Abweichungen zu erkennen oder einfach nur eine strukturierte Zusammenfassung über Veränderungen zum Vorjahr geben. Daraus können das weitere Prüfungsvorgehen und die Prüfungsschwerpunkte abgeleitet werden.
- Während der Vorprüfung kann Journal Entry Testing insbesondere für die Überprüfung von Aussagen im Kontrollumfeld, also überwiegend für Funktionsprüfungen, eingesetzt werden. Die daraus gewonnenen Erkenntnisse müssen die nachfolgenden aussagebezogenen Prüfungshandlungen beeinflussen.
- Im Rahmen der Hauptprüfung können Journal Entry Tests letztlich dazu dienen, die aussagebezogenen Prüfungshandlungen, also analytische und Einzelfallprüfungen, zu unterstützen.

Dem durchgängigen Einsatz von Journal Entry Testing während der Abschlussprüfung sowie dem breiten Einsatzspektrum gemein sind die übergeordneten Ziele, die Prüfung wirtschaftlicher durchzuführen und damit auch eine zeitigere Prüfungssicherheit und eine höhere Prüfungsqualität zu erreichen.

1.3 Pflicht zur Durchführung von JET

Die Pflicht zur Durchführung von JET geht aus dem ISA 240 hervor. Ein Abschlussprüfer, der eine Prüfung in Übereinstimmung mit den ISA durchführt, ist dafür verantwortlich, hinreichende Sicherheit darüber zu erlangen, dass der Abschluss als Ganzes frei von einer wesentlichen – beabsichtigt oder unbeabsichtigt – falschen Darstellung aufgrund von dolosen Handlungen oder Irrtümern ist.[3] Ungewöhnliche bzw. auffällige Journaleinträge sind zu identifizieren und zu analysieren.[4] Die Identifikation und

---

[3] Vgl. ISA 240.5.
[4] Vgl. ISA 240.32.

Analyse einzelner Journaleinträge kann je nach Umfang des Buchungsstoffs vielleicht noch manuell, d.h. ohne Systemunterstützung, erfolgen. Offensichtlich ist aber, dass bei einer typischen Jahresabschlussprüfung aufgrund der Digitalisierung in den Unternehmen, die manuelle Identifikation auffälliger Buchungen äußert zeitaufwendig, wenn nicht sogar nahezu unmöglich geworden ist. Insbesondere wenn Nebenbücher und Vorsystemen einbezogen werden, wird allein durch den schieren Umfang der Datensätze jede manuelle Prüfung zum Scheitern verurteilt sein bzw. zu einer Sprengung des Abschlussprüferhonorars führen. Folglich kann die Prüfung von Journaleinträgen in effizienter Weise nur mittels Tool-Unterstützung erfolgen.[5] Die dabei in Betracht kommenden Journal Entry Tests, die benötigten Datenfelder sowie deren Aufbereitung und Interpretation werden in den folgenden Kapiteln dargestellt.

Dabei ist das Entdeckungsrisiko von wesentlichen falschen Darstellungen im Abschluss aufgrund von dolosen Handlungen höher als das Entdeckungsrisiko von wesentlichen falschen Darstellungen aufgrund von Irrtümern. Dies resultiert daraus, dass bewusste Handlungen vielfach geplant und gut organisiert sind. Das Management ist dabei in guter Position, um dolose Handlungen durchzuführen oder Kontrollen zur Verschleierung bewusst außer Kraft zu setzen. Dieses Risiko besteht dem Grunde nach in jeder Einheit,[6] kann jedoch der Höhe nach variieren. Unabhängig davon handelt es sich hierbei um ein bedeutsames Risiko.

Darüber hinaus muss der Abschlussprüfer bei der Identifizierung von Risiken von der Vermutung ausgehen, dass die Erlöserfassung aufgrund von dolosen Handlungen ein bedeutsames Risiko ist.[7] In diesem Zusammenhang muss er beurteilen, welche Erlösarten, erlösrelevante Geschäftsvorfälle oder Aussagen Risiken zur Folge haben.

Der Abschlussprüfer muss daher seine Prüfungshandlungen als Reaktion auf beurteilte Risiken sorgfältig planen, um solche falschen Darstellungen entdecken zu können. Die kritische Grundhaltung hat der Abschlussprüfer während der gesamten Prüfung beizubehalten.[8] Unabhängig davon wie der Abschlussprüfer das Risiko der Außerkraftsetzung von Kontrollen einschätzt, muss dieser Prüfungshandlungen planen und durchführen, um

---

[5] Vgl. Fragen und Antworten zur praktischen Anwendung von Automatisierten Tools und Techniken (ATT) im Rahmen der Abschlussprüfung, IDW, 10.11.2020
[6] Zum Begriff „Einheit" vgl. IDW Textausgabe Englisch – Deutsch, International Standard on Auditing, ISA 240.4.
[7] Vgl. ISA 240.27.
[8] Vgl. u.a. ISA 240.13 ff.

u.a. die Angemessenheit von im Hauptbuch erfassten Journaleinträgen zu prüfen. Darüber hinaus hat er die Notwendigkeit abzuwägen, Journaleinträge aus dem gesamten Berichtszeitraum zu prüfen.

Journaleinträge können vom Management durch eine Außerkraftsetzung von – ansonsten wirksam scheinenden – Kontrollen manipuliert werden. Als mögliche Manipulationen von Journaleinträgen nennt ISA 240 u.a.:

- Aufzeichnung fiktiver Journaleinträge,
- Auslassung, Vorziehung oder Aufschiebung der Erfassung von Ereignissen und Geschäftsvorfällen,
- Änderung von Aufzeichnungen und Konditionen im Zusammenhang mit bedeutsamen und ungewöhnlichen Geschäftsvorfällen.

Da es sich bei Journal Entry Tests um eine reine Auswertung von vorhandenen Daten handelt, kann eine fehlende Erfassung von Ereignissen und Geschäftsvorfällen nicht ohne Weiteres festgestellt werden. Es können sich höchstens Anhaltspunkte für fehlende Erfassungen bei Folgeprüfungen finden oder wenn im Rahmen der Prüfung bereits Daten aus dem Folgejahr verwendet werden. Beispielsweise können Auffälligkeiten bei der zeitnahen Erfassung in den ersten Monaten des Folgejahres Hinweise auf eine fehlerhafte Periodenabgrenzung und damit auch auf ein Aufschieben von Ereignissen und Geschäftsvorfällen geben.

Fiktive Journaleinträge weisen, ebenso wie vorgezogene oder verspätete Erfassungen, oftmals Auffälligkeiten bzw. Merkmale auf, die grundsätzlich auswertbar sind.

Merkmale manipulierter Journaleinträge oder anderer Anpassungen können Buchungen auf

- unüblichen und/oder selten verwendeten Konten sein,
- Personen/Benutzer, die selten oder auf bestimmten Konten selten buchen,
- Buchungen ohne (aussagefähigen) Text,
- Buchungen kurz vor oder am Abschlussstichtag,
- runde Zahlen oder Zahlen mit denselben Endziffern.[9]

Journal Entry Tests sind gerade in Berichten von mittständisch geprägten Abschlussprüfern eines der häufigsten Anwendungsfelder von Datenanalysen. Diese lassen sich in den verschiedensten Bereichen der Prüfung einset-

---

[9] Vgl. ISA 240.A44.

zen. Die ISA [DE] 315 (REVISED 2019)[10] sowie die ergänzenden Hinweise in IDW PH 9.330.3[11] nennen als Gegenstand der Analyse von Daten im Bereich der Abschlussprüfung die rechnungslegungsrelevanten Daten.

Rechnungslegungsrelevante Daten umfassen u.a.

- Buchungen und Geschäftsvorfälle,
- Konten und Journale (Haupt- und Nebenbücher oder Vorsysteme) sowie
- ergänzende Aufstellungen und Auswertungen des zu prüfenden Unternehmens mit Bezug zur Rechnungslegung.

Im weiteren Verlauf beziehen sich die Journal Entry Tests zunächst auf das Hauptbuch, um dem Anwender den Einstieg in Journal Entry Tests zu erleichtern. In einigen Bereichen ist der Einbezug von Nebenbüchern oder Vorsystemen äußerst hilfreich, um die summierten Erfassungen im Hauptbuch auf die einzelnen darin enthaltenen Datensätze herunterzubrechen. Dies wird im Einzelfall ergänzend erläutert. Hinweise zu weiterführenden Datenanalysen und der unterstützenden Nutzung von künstlicher Intelligenz (KI) wie bspw. ChatGPT[12] oder Copilot for Microsoft 365[13] werden im Anschluss in Kapitel 5 kurz dargestellt.

1.4 Journal Entry Tests und die sieben „W-Fragen"

Für Journal Entry Tests gibt es aufgrund der unterschiedlichen Unternehmen, ihrer Prozesse, ihrer Systeme und ihrer Daten viele Ansatzpunkte und Ideen. Daher ist es nicht sinnvoll, eine Standardliste mit den wichtigsten Journal Entry Tests herauszugeben, die abgearbeitet werden soll. Vielmehr wird dem Leser ein Leitfaden an die Hand gegeben, mit dem die vorgestellten Analyseschritte nachvollzogen werden können. Darüber hinaus soll der Leser aber auch in der Lage sein, die Prüfungshandlungen auf andere Bereiche zu übertragen.

Journal Entry Tests sind geeignet, um die sieben W-Fragen zu beantworten:

- Wer (hat den Geschäftsvorfall erzeugt)?
- Was (sollte damit abgebildet werden)?
- Wo (erfolgte die Erfassung)?

---

[10] Vgl. ISA [DE] 315 (REVISED 2019).A21 (sogenannte Automatisierte Tools und Techniken (AAT).
[11] Vgl. IDW PH 9.330.3, Tz. 6 ff.
[12] Vgl. https://chat.openai.com (Stand: Februar 2024).
[13] Vgl. https://adoption.microsoft.com/de-de/copilot/ (Stand: Februar 2024).

- Wann (erfolgte die Erfassung)?
- Wie (erfolgte die Erfassung)?
- Warum (erfolgte die Erfassung)?
- Woher (kommt der Geschäftsvorfall)?

Allerdings dürfen diese Fragestellungen nicht ausschließlich separat betrachtet werden. Einen enormen Erkenntnisgewinn ergeben erst die Kombinationen aus mehreren W-Fragen, also z.B.: „Wer hat was erfasst/gebucht?" Zudem sind die Fragen und die damit verbundenen Journal Entry Tests nicht überschneidungsfrei.

Mit den Antworten auf die genannten Fragestellungen kann auch die Umsetzung der Organisationsstruktur bzw. der Tätigkeitsbereiche in die IT-Systeme (Berechtigungskonzeption) überprüft werden. Ferner kann die Beantwortung der W-Fragen Aussagen über die ordnungsgemäße Funktion des internen Kontrollsystems geben.

Für die Abschlussprüfung kann man die Fragen konkretisieren und z.B. folgenden Fragestellungen nachgehen:

1.4.1 Wer?

Die Frage nach dem „Wer" analysiert den Verursacher eines Geschäftsvorfalls. Das kann eine Buchung im Hauptbuch sein, aber auch eine Bestellung, ein Wareneingang, eine Zahlung usw. Neben den Benutzern, die sich auf natürliche Personen zurückführen lassen, sind vor allem aus Prozesssicht auch automatische Benutzer interessant.

Eine Auswertung nach dem „Wer" ist nur zielführend, wenn das Ist-Konzept (das Ergebnis der Analyse) auch mit dem Soll-Konzept abgeglichen wird. Das Soll-Konzept umfasst Informationen darüber, wer überhaupt einen bestimmten Geschäftsvorfall erfassen oder genehmigen darf. Als Beispiel kann die Genehmigung der Änderung von kritischen Stammdaten (bspw. Bankverbindungen im Kreditorenbereich) genannt werden.

Ebenso ist es zielführend, bereits im Vorfeld Erkenntnisse über die Kontenstruktur im Hauptbuch zu haben. Umsatzerlöse werden oftmals aus Nebenbüchern automatisiert ins Hauptbuch übertragen. Auf diesen Konten sollten dann nur automatische Erfasser und keine manuellen Erfasser gebucht haben. Für manuelle Buchungen sollte es eigene Konten.

Als Auswertung (Journal Entry Test) kann hier die Anzahl von Buchungen pro Erfasser genannt werden. Diese sollten sinnvollerweise mit anderen Feldern, bspw. dem Konto, der Belegart oder dem Betrag, kombiniert werden.

1.4.2 Was?

Zur Analyse des Buchungsstoffs ist es essenziell, die Frage „Was wurde gebucht?" zu stellen. Im Vordergrund steht nicht die Einzelfallprüfung des jeweiligen Belegs, sondern die automatische Analyse zur Findung von ungewöhnlichen oder auffälligen Buchungen.

Als Journal Entry Test können hier Buchungen mit ungewöhnlichem Buchungstext oder auch eine Statistik der Umsatzerlöse zur Sichtbarmachung von Auffälligkeiten genannt werden.

1.4.3 Wo?

„Wo wurde gebucht?", beantwortet die Frage, auf welchen Konten der Geschäftsvorfall erfasst worden ist, aber auch, ob dieser im Haupt- oder Nebenbuch gebucht wurde. Im weiteren Verlauf dieses Buchs liegt der Schwerpunkt auf den Journal Entry Tests des Hauptbuchs. Dennoch ist es zielführend, sich ggf. mit den Buchungen der Nebenbücher oder Vorsysteme zu beschäftigen. Dort, wo weiterführende Analysen gewinnbringend eingesetzt werden können, wird entsprechend darauf hingewiesen.

Neben einer Statistik der Umsatzerlöse auf Kontenebene kann hier eine Analyse von Gegenkonten (bspw. die bebuchten Gegenkonten von Bank- oder Erlösbuchungen) Hinweise auf zu prüfende Sachverhalte oder Prüfungsrisiken geben. Ferner können bspw. hohe Auszahlungen bei Kassen-/Bankkonten Aufschlüsse hinsichtlich möglicher Manipulationen geben.

1.4.4 Wann?

Die Frage nach dem „Wann" stellt den zeitlichen Kontext her. Buchungen zu ungewöhnlichen Zeiten können bspw. Buchungen an Wochenenden, Feiertagen oder auch nachts sein. Hierbei ist jedoch immer die Organisationsstruktur beim Mandanten zu berücksichtigen. Sofern buchende Gesellschaften im Ausland ansässig sind, können die Feiertage abweichend sein. Ebenso sind Buchungen an Wochenenden oder Feiertagen nicht per se ungewöhnlich. Gerade in Zeiten von Monats-, Quartals- oder Jahresabschlussarbeiten können auch Buchungen an Wochenenden oder Feiertagen erfolgen. Dies gilt es, bereits im Vorfeld zu beachten, also im Rahmen der Planung der Journal Entry Tests.

Dennoch ist die Frage nach dem „Wann" gerade in Kombination mit dem Benutzer sinnvoll. Hieraus können sich Anhaltspunkte für Nachfragen oder in Kombination mit anderen Auswertungen Hinweise auf mögliche Prüfungsrisiken oder sogar dolose Handlungen ergeben.

Fehlendes zeitnahes Erfassen und zeitnahes Buchen können ein Indiz für das Vorziehen oder Aufschieben von Geschäftsvorfällen sein. Hierbei können die verschiedenen Datumfelder (Erfassungsdatum, Buchungsdatum, Belegdatum) näher betrachtet werden.

Aus möglichen Auswertungen können somit zeitnahes Erfassen oder Buchen sowie das Aufzeigen von Buchungen zu ungewöhnlichen Zeiten (Wochenenden, Feiertage, nachts) genannt werden.

1.4.5 Wie?

„Wie wurde gebucht?", beantwortet die Frage nach der Erfassung des Geschäftsvorfalls. Grundsätzlich müssen alle Geschäftsvorfälle zeitnah (auch eine Frage des „Wann") und ordnungsgemäß in der Buchhaltung verarbeitet werden. Zur Reduzierung des Entdeckungsrisikos von fiktiven Journaleinträgen bietet sich eine Analyse von Doppelbuchungen an. Hier wird der Buchungsstoff anhand festgelegter Kriterien auf Sachkonten und ggf. ergänzend auf Debitoren- und Kreditorenebene auf Doppelerfassungen analysiert. Doppelbuchungen können sowohl zu positiven als auch zu negativen Ergebnisauswirkungen führen.

Ferner lassen sich aus dem Journal Erkenntnisse bezüglich gerundeter Zahlen (insbesondere vor dem Komma[14]) gewinnen. Gerundete Zahlen können, müssen aber nicht, auf Manipulationen hinweisen. Des Weiteren soll der Buchungsstoff keine Lücken enthalten. Als Beispiel kann die Anforderung an eine fortlaufende Beleg- oder Rechnungsnummer genannt werden.

1.4.6 Warum?

Es dürfen nur tatsächlich stattgefundene Geschäftsvorfälle erfasst werden. Daher muss es für jede Buchung einen sachlichen Grund geben. Fiktive oder manipulierte Buchungen können im Kontext ungewöhnliche Texte aufweisen. Ebenso können Buchungen auf Konten erfasst sein, die dort üblicherweise nicht vorgenommen werden. Diese gilt es, anhand von Statistiken oder Zusammenfassungen von Buchungen auf Kontenebene, zu erkennen. Ferner können Buchungen mit ungewöhnlichen Buchungstexten gefiltert

---

[14] Als Beispiele seien hier 1.000,00 oder 23.000,75 genannt.

werden. Ungewöhnliche Buchungstexte können hierbei einfache Begriffe wie „Storno", „Gutschrift" oder „Retoure", aber auch Namen, Datumsangaben oder ungewöhnliche Zeichen- bzw. Ziffernfolgen sein.

1.4.7 Woher?

Buchungen können direkt von einer Person im System erfasst werden, aber auch automatisiert über Schnittstellen gebucht werden. Schnittstellenbuchungen können dabei ergänzend bereits Summierungen oder Verdichtungen aufweisen. Im Zuge von Journal Entry Tests sind auf der einen Seite sowohl die Buchungen als auch die Erfasser (manuell oder automatisiert) auf den jeweiligen Konten, aber auch Buchungen über Schnittstellen relevant. Zur Beantwortung der Frage nach dem „Woher" sollten die Schnittstellen einbezogen werden. Einfache Schnittstellenprüfungen können zielgerichtet und ohne größeren Zeitaufwand umgesetzt werden.

1.4.8 Empfohlener Mindestumfang von JET

Zusammenfassend lässt sich festhalten, dass sich aus dem ISA 240 und ergänzenden Fehlerrisikoüberlegungen der folgende Mindestumfang von Journal Entry Tests ableiten lässt:

1. Anzahl Buchungen pro Erfasser,
2. manuelle Buchungen auf Automatikkonten,
3. Soll-Buchungen auf Umsatzerlöse sowie Statistik der Umsatzerlöse,
4. Buchungen mit ungewöhnlichen Buchungstexten,
5. Buchungen über Schnittstellen,
6. hohe Auszahlungen bei Kassenkonten,
7. spätes oder frühes Erfassen und Buchen,
8. Buchungen an Wochenenden und Feiertagen,
9. doppelte Buchungen,
10. gerundete Ziffern vor dem Komma,
11. Lückenanalyse,
12. Gegenkontenanalyse.

Der hier genannte Mindestumfang von Journal Entry Tests erhebt weder den Anspruch auf Vollständigkeit noch auf eine allgemein gültige Best Practice. Im Einzelfall können einige JET nicht anwendbar sein oder andere JET-Fehlerrisiken besser adressieren. Diese zwölf JET sollen eine Anregung sein sowie Hinweise liefern für deren praktische Umsetzung.

Dabei ist es für die Durchführung von Journal Entry Tests irrelevant, ob ein spezielles Prüfungsprogramm[15], ein allgemeines Tabellenkalkulationsprogramm[16] oder bspw. Analyse- und/oder Visualisierungsprogramme[17] verwendet wird. In der Praxis hat sich gerade bei einem umfangreichen Datenvolumen eine Kombination aus mehreren Programmarten bewährt.

Die grundlegende Datenübernahme, -aufbereitung und -auswertung erfolgt unter Verwendung von ACL, IDEA oder Power Query und die nachfolgende Aufbereitung, Interpretation und Dokumentation der Ergebnisse anhand eines Tabellenkalkulationsprogramms wie Microsoft Excel.

Durch die Verwendung von Makros oder Skripten kann die Datenübernahme, -aufbereitung und -auswertung deutlich beschleunigt werden. Sofern sinnvoll, werden wir in den folgenden Kapiteln auch Hinweise zur Automatisierung geben sowie auf mögliche Fehlerquellen näher eingehen.

---

[15] Als spezielles Prüfungsprogramm kann bspw. ACL oder IDEA eingesetzt werden.
[16] Bspw. Microsoft Excel und das oftmals darin enthaltene Power Query (versionsabhängig).
[17] Bspw. Microsoft Power BI (einschließlich das darin enthaltene Power Query).

2 Notwendige Vorüberlegungen zu Datensatzstrukturen

Im Bereich der rechnungslegungsrelevanten Daten kann grundsätzlich zwischen Stamm- und Bewegungsdaten unterschieden werden. Stammdaten enthalten Grundinformationen über bestimmte betriebliche Objekte und ändern sich tendenziell eher selten. Als Beispiele können Kunden- und Lieferantenstammdaten, Kontenstammdaten, Anlagenstammdaten oder Materialstammdaten genannt werden. Bewegungsdaten hingegen enthalten Informationen über die einzelne Bewegung. Es handelt sich um abwicklungsorientierte Daten, die den ausgelösten Geschäftsvorfall zeitlich und inhaltlich abbilden.

Der Verkauf von Waren wird in der Buchhaltung anhand des Buchungssatzes „Forderung an Waren" erfasst. Durch den Verkauf entsteht eine Bewegung, die den Saldo auf dem Konto Umsatzerlöse verändert bzw. fortschreibt. Ohne diese Änderung (= diese Bewegung) bliebe der Saldo unverändert, wäre also statisch.

Als Unterscheidungsmerkmale können folgende Punkte herangezogen werden:

Merkmal	Stammdaten	Bewegungsdaten
Statik der Daten	kein Zeitbezug	zeitlich variant, haben eine gewisse Dynamik und verändern sich
Häufigkeit der Nutzung in verschiedenen Anwendungen	werden oft von mehreren Anwendungen genutzt	werden oft von wenigen Anwendungen genutzt
Auswertungskriterium	Kriterium für Auswertungen	liefert eher die Fakten bei Auswertungen
Zeitdauer der Vorhaltung	meist langfristig	kurz- oder mittelfristig
Änderungshäufigkeit	unregelmäßig, nur bei Bedarf	gering, grundsätzlich nur einmalige Erfassung

Tab. 2.1 Merkmale von Stamm- und Bewegungsdaten

Nachstehende Tabelle zeigt eine beispielhafte Darstellung von Stammdaten:

Nr.	Land	Name	Ort	Straße	Datum	Erfasser
1	DE	Forks GmbH	Hamburg	Malzer 57	15.05.2023	CW
2	US	Electronic Solutions	Large City	Am Dreieck 1	16.05.2023	KEDRO
3	FR	Dux de la Rivière	Paris	Pariser Str. 27	28.04.2022	THELE
4	DK	Metro	Kopenhagen	An der Aar 50	24.02.2022	BAUER
5	DE	Centro	Oberhausen	Antoniter 140	11.08.2005	WEISS
6	DE	KBBL Pumpe	Essen	Kupferdreh 40	05.05.2002	KEDRO
7	US	SM Pax	Atlanta	Troll-Straße 20	11.08.2003	ZOMB
8	US	Express Vendor	Boston	Enzianweg 30	09.11.2001	CW
9	US	Alu Casting	New York	Waldstraße 31	26.02.2024	CW

Tab. 2.2 Beispiel Stammdaten

Im Gegensatz zu den Stammdaten stellen Bewegungsdaten das jeweilige Ereignis bzw. den jeweiligen Geschäftsvorfall dar:

Konto	Beleg	Buchungsdatum	Belegart	Belegdatum	Position	Betrag	Währung
5143923	97084052	06.12.2023	KU	06.12.2023	1	1.305,00	EUR
5151195	97087739	17.12.2023	AZ	17.12.2023	1	188,50	EUR
5186615	97086694	13.12.2023	KU	13.12.2023	1	1.074,00	EUR
5167136	6137126	03.06.2023	EB	03.06.2023	1	8.000,00	EUR
5100010	60103031	31.12.2023	RE	10.10.2023	1	−10,11	EUR
5100010	60100740	17.12.2023	RE	12.12.2023	1	−10,12	EUR
5100010	60101123	17.12.2023	RE	12.12.2023	1	−446,13	EUR
5100010	60101125	17.12.2023	RE	12.12.2023	1	−1.013,77	EUR
5100010	60101311	18.12.2023	RE	12.12.2023	1	−1.113,96	EUR

Tab. 2.3 Beispiel Bewegungsdaten

Journal Entry Tests beziehen sich auf die Journaleinträge und tendenziell auf die Auswertung der Bewegungsdaten. In der Praxis geht die Tendenz Richtung Einbezug von Vorsystemen, da oftmals gerade hier die einzelnen Datensätze erzeugt werden und im Hauptbuch nur summierte bzw. aggregierte Buchungssätze vorhanden sind.

Die Stammdaten hingegen werden eher für weitergehende Datenanalysen benötigt. Dennoch sei hier der kurze Hinweis erlaubt, dass bei der Betrachtung von Stammdaten oftmals nur zwei fixe Datenpunkte bzw. Zeitpunkte betrachtet werden. Der Abzug der Stammdaten zum Abschlussstichtag und der Vergleich dieser Daten mit dem Vorjahresstichtag erlaubt keinen Rückschluss darauf, dass die Daten unverändert sind. Bspw. kann bei der Betrachtung von Kreditorenstammdaten die Bankverbindung unterjährig geändert und später wieder zurückgeändert worden sein. Aus dem alleinigen Vergleich der beiden Stammdatensätze ist dies nicht ersichtlich. Hier müssen ergänzend Änderungsprotokolle herangezogen werden.

Ein Buchungsjournal beinhaltet die vollständigen Belege auf Ebene der einzelnen Belegzeile:

Beleg	Beleg-datum	Buchungs-datum	Erfas-sungs-datum	Er-fasser	Betrag in EUR	Sach-konto	S-H
20041986	11.05.2023	11.05.2023	11.05.2023	BB	87,96	548010	H
20041986	11.05.2023	11.05.2023	11.05.2023	BB	3.062,49	285021	H
20041986	11.05.2023	11.05.2023	11.05.2023	BB	3.150,45	442000	S

Tab. 2.4 Auszug Buchungsjournal

Aus **Tab. 2.4** ist ersichtlich, dass der Beleg (20041986) aus drei Belegzeilen besteht. Das Soll-Haben-Kennzeichen der jeweiligen Belegzeile ergibt sich aus der Spalte S-H. Der Kopfteil des Belegs beinhaltet die statischen, unveränderlichen Werte pro Belegzeile. Die Belegnummer, das Beleg-, Buchungs- und Erfassungsdatum sind für alle Belegzeilen gleich. Ebenso ist der Belegerfasser immer unverändert. Pro Belegzeile ändern sich u.a. der Betrag und das Sachkonto; diese Belegteile können als Teilbuchungssätze bezeichnet werden.

Zum Verständnis von Journal Entry Tests ist es hilfreich, die Unterscheidung zwischen Ganz- und Teilbuchungssätzen zu kennen. Ganzbuchungssätze bestehen aus dem Kopfteil (bspw. Belegnummer und Buchungsdatum) sowie aus zwei Teilbuchungssätzen, jeweils dem Soll- und Haben-Konto, ergänzt um den Betrag.

Wesentliches Merkmal dieser Buchungssätze ist, dass diese, da sie vollständig in einer Zeile stehen, leicht auf Buchungssatzebene (= Belegebene) auswertbar sind. Bei dieser Art von Buchungssätzen lassen sich bspw. Gegenkontoanalysen aufgrund der eindeutigen Zuordnung gut durchführen.

Beleg	Buchungsdatum	Konto Soll	Betrag 1	Konto Haben	Betrag 2
12345	24.07.2023	23456	9.657,98	87679	-9.657,98
35262	27.07.2023	32426	11.293,67	87678	-11.293,67
62736	29.07.2023	78657	986,67	25242	-986,67

Kopfteil — Teilbuchungssatz 1 — Teilbuchungssatz 2

Abb. 2.1 Einzeiliger Buchungssatz

In der Praxis ist diese Struktur jedoch nicht vorzufinden. Hier gehen die Buchungssätze über zwei oder mehrere Zeilen. Daher wird die einfache, einzeilige Datensatzstruktur im Folgenden nicht weiter betrachtet. Bei einem mehrzeiligen Aufbau verteilt sich der gesamte Beleg auf zwei oder mehr Zeilen, vgl. die Darstellungen in **Abb. 2.2** und **Abb. 2.3**.

Beleg	Buchungsdatum	Konto	Betrag
12345	24.07.2023	23456	9.657,98
12345	24.07.2023	43564	-9.657,98
35262	27.07.2023	84256	11.293,67
35262	27.07.2023	32426	-11.293,67
62736	29.07.2023	24536	986,67
62736	29.07.2023	78657	-986,67

Kopfteil — Teilbuchungssatz

Abb. 2.2 Zweizeiliger Buchungssatz

Beleg	Buchungsdatum	Konto	Betrag
12345	24.07.2023	140000	11.900,00
12345	24.07.2023	200100	-1.900,00
12345	24.07.2023	842560	-10.000,00
12345	24.07.2023	32426	11.900,00

Kopfteil — Teilbuchungssatz — Buchungssatz

Abb. 2.3 Mehrzeiliger Buchungssatz

Ein zeilenübergreifender Buchungssatz kann im Zuge von Journal Entry Tests ebenfalls ausgewertet werden. Lediglich der Aufbau der Abfragen kann sich aufgrund der vorhandenen Struktur ändern. Zum Beispiel ist zu beachten, dass zur Berücksichtigung von Wesentlichkeitsgrenzen kein (einfacher) Filter auf das Betragsfeld bezogen werden kann. Damit würden lediglich die Beträge pro Belegzeile, pro Soll-/Haben-Buchungszeile berücksichtigt werden. Sofern in einem Beleg mehrere Soll- und auch mehrere Haben-Buchungszeilen vorhanden sind, ergäbe sich ein fehlerhaftes Bild.

3 Grundsätzliche Vorgehensweise

Die Durchführung von Journal Entry Tests und deren Dokumentation kann trotz aller Unterschiedlichkeit der in der Praxis vorzufindenden Systeme und Buchhaltungen nach einer einheitlichen Vorgehensweise erfolgen:

1. Planung,
2. Datenanforderung und -übernahme sowie -validierung,
3. Datenaufbereitung,
4. Datenauswertung/Durchführung der Journal Entry Tests,
5. Interpretation, Aufbereitung und Dokumentation der Ergebnisse.

Der Einsatz von Journal Entry Tests sollte zeitlich deutlich vor der Hauptprüfung geplant werden, im Idealfall bereits im Zuge einer Vorprüfung. In der Praxis hat es sich zudem bewährt, bei Neumandaten bereits Daten im Rahmen einer Vorprüfung testweise auszuwerten.

Die Durchführung von Journal Entry Tests kann in fünf Phasen unterteilt werden:

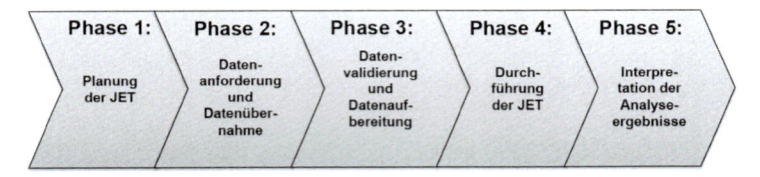

Phase 1:	Phase 2:	Phase 3:	Phase 4:	Phase 5:
Planung der JET	Datenanforderung und Datenübernahme	Datenvalidierung und Datenaufbereitung	Durchführung der JET	Interpretation der Analyseergebnisse

Abb. 3.1 Phasen der Journal Entry Tests

3.1 Planungsphase

In der **Planungsphase** wird der Zeitplan für die Durchführung der Journal Entry Tests intern und auch mit dem Mandanten abgestimmt. Ferner werden die zu erstellenden Auswertungen und die dafür benötigten Daten(felder) definiert. Diese sind inhaltlich für Standard Journal Entry Tests identisch, unterscheiden sich jedoch in Abhängigkeit von dem beim Mandanten eingesetzten Software-Programm in der Namensgebung.

Da die Finanzverwaltung im Rahmen der steuerlichen Außenprüfung vermehrt auf Daten aus den Finanzbuchhaltungssystemen zurückgreift, tritt das Problem der (reinen) Datenbeschaffung mehr und mehr in den Hintergrund. Der Datenumfang der GoBD[18]-Daten ist für „reine" Journal Entry Tests oftmals zwar sehr groß, beinhaltet aber dennoch nicht in allen Fällen die für Journal Entry Tests benötigten Datenfelder. Sofern möglich, sollten die angeforderten Daten auf die benötigten Tabellen und daraus benötigten Datenfelder reduziert werden. Sollte eine Feldselektion seitens des Mandanten nicht möglich sein, sollten die erhaltenen Daten vor den eigentlichen Auswertungen auf die benötigten Felder reduziert werden. Dies erleichtert die spätere Aufbereitung und Auswertung. Für diesen Zweck können die benötigten Datenfelder mithilfe des verwendeten Prüfungsprogramms in eine Auswertungsdatei extrahiert werden.

Ferner sollte bereits in der Planungsphase festgelegt werden, welches Auswertungsprogramm Verwendung findet. Dies kann neben einem allgemeinen Tabellenkalkulations- oder Analyseprogramm auch ein spezielles Prüfungsprogramm oder eine Kombination aus beidem sein.

Microsoft Excel hat den Vorteil, dass es weit verbreitet ist und gute Anwendungskenntnisse vorhanden sind. Des Weiteren handelt es sich regelmäßig um eine Eh-da[19] Software. Demgegenüber stehen spezielle Prüfungsprogramme, die in ihrer Anwendung normalerweise Schulungen und regelmäßige Übung erfordern.

Die nachstehende Tabelle stellt einige der Vor- und Nachteile gegenüber, wobei als spezielle Prüfungsprogramme ACL und IDEA betrachtet werden:

Kriterium	Tabellenkalkulationsprogramm	ACL/IDEA
Einfachheit der Anwendung	leicht, geringer Aufwand	i.d.R. deutlich größerer Aufwand
Verfügbarkeit	normalerweise als Standard-Software vorhanden	oftmals gesonderte Beschaffung, laufende Wartungs-/Supportaufwendungen
Auswertungsvolumen	Abhängig von der eingesetzten Version, oftmals aber beschränkt	unbegrenzt
Auswertungsgeschwindigkeit	mittel	deutlich schneller, insbesondere bei großen Datenbeständen
Fehleranfälligkeit	mittel bis hoch	gering bis mittel

---

[18] Grundsätze zum Datenzugriff und zur Prüfbarkeit digitaler Unterlagen (GDPdU), vgl. BMF IV D 2 – S 0316 – 136/01.
[19] Mit „Eh-da" oder „Sowieso"-Kosten werden Dinge bezeichnet, die im Unternehmen bereits als Standard vorhanden sind.

Kriterium	Tabellenkalkulationsprogramm	ACL/IDEA
Datenimport	abhängig von Datenstruktur und Format	deutlich umfangreicher (bis hin zu mehrzeiligen Reports)
Weiterverarbeitung/Aufbereitung der Ergebnisse	vielseitig möglich bis hin zu komplexen Grafiken und Übersichten	eingeschränkt, oftmals Export und Weiterverarbeitung in einem anderen Programm sinnvoll

Tab. 3.1 Prüfungsprogramme, Vor- und Nachteile

3.2 Datenanforderung und -übernahme

In Phase 2, **Datenanforderung und -übernahme**, werden die benötigten Daten beim Mandanten angefordert. Die Datenanforderung beinhaltet nicht nur den Inhalt, sondern auch den Zeitraum.[20] In Abhängigkeit vom vorhandenen IT-Wissen innerhalb der Wirtschaftsprüfungspraxis können die Daten – nach Absprache – direkt bei der IT-Abteilung angefragt werden. Ist das IT-Wissen nicht vorhanden oder geht es um die erstmalige Anforderung von Daten, kann die Anforderung auch in Kombination Finanzbuchhaltung – IT erfolgen. In diesen Fällen hat es sich bewährt, eine allgemeine Datensatzbeschreibung der benötigten Datenfelder mit dem Mandanten zu besprechen, um die relevanten Tabellen zu identifizieren.

> **Praxistipp:**
> In vielen ERP-Programmen kann die relevante Tabelle eines Datenfeldes mithilfe der rechten Maustaste identifiziert werden. Bei einem Rechtsklick auf das markierte Feld wird oftmals der Begriff „Technische Hilfe" angezeigt. Hier kann dann vielfach die zugehörige Tabelle herausgefunden werden.

In der Praxis hat es sich bewährt, die Daten nicht zu umfangreich zu wählen. Dies erleichtert gerade bei der erstmaligen Anwendung das Zurechtfinden in den erhaltenen Daten.

Für die genannten Journal Entry Tests werden üblicherweise die folgenden Datenfelder verwendet:

---

[20] Bei Journal Entry Tests wird dies i.d.R. das gesamte Geschäftsjahr sein. Bei einer testweisen Datenanforderung kann ein deutlich kürzerer Zeitraum gewählt werden.

Datenfeld	Beschreibung	Benötigt für JET (Nr.)
Beleg	Belegnummer, ein Beleg kann mehrere Belegzeilen (Positionen) haben	1–12
Belegdatum	Datum des zugrunde liegenden Belegs (bspw. Rechnungsdatum)	1, 2, 7, ggf. 8, 9, 11
Buchungsdatum	Datum, in welcher Buchungsperiode der Beleg gebucht worden ist (bspw. Dezember 2023)	1, 2, 5, 7
Erfassungsdatum	Datum (Zeit), an dem die Buchung im System vom Erfasser physisch erfasst wurde	1, 2, ggf. 8
Geschäftsjahr	Entspricht § 242 HGB, nur für Prüfungszwecke, grundsätzlich nicht auswertungsrelevant	5, ggf. 8
Buchungsperiode	Unterteilung des Geschäftsjahres in die einzelnen Buchungsperioden 1–12 zzgl. Sonderperioden für die Abschlussaufstellung (bspw. 13–16 in einem SAP-System)	5, ggf. 8, 12
Erfasser/Benutzer	Person oder automatischer Benutzer, die/der die Buchung im System erfasst hat	1–12
Betrag	Betrag des Belegs in Hauswährung	1–12
Sachkontonummer	Nr. des Sach- bzw. Hauptbuchkontos	1–12
Sachkontobezeichnung	Bezeichnung des Sach- bzw. Hauptbuchkontos; wird nur für die bessere Lesbarkeit benötigt, nicht auswertungsrelevant	1–12
Buchungstext	Erläuterung zur erfassten Buchung	3, 7, 8
Zuordnung	Kennzeichen, Zeichenfolge, kann auch Erläuterungen beinhalten; nicht grundsätzlich auswertungsrelevant, ggf. Ergänzung zum Buchungstext verwendbar	3, 7, 8
Soll-Haben-Kennzeichen	Unterscheidung zwischen Soll- und Haben-Buchungen	1–12

Tab. 3.2 JET-Datenfelder

Die genannten Datenfelder werden seitens des Mandanten vielfach nicht in einer Journaldatei, sondern in zwei Dateien zur Verfügung gestellt. Hierbei handelt es sich üblicherweise um eine Belegkopf- und eine Belegsegmentdatei. Die Belegkopfdatei enthält die immer geltenden Datenfelder eines Buchungsbelegs, also bspw. Belegnummer, Belegdatum, Buchungsdatum, Erfassungsdatum, Benutzer. Die Belegsegmentdatei enthält die jeweiligen Felder für die einzelne Belegzeile, also bspw. Belegnummer, Belegzeile, Betrag, Sachkonto, Buchungstext, Zuordnung, Soll-Haben-Kennzeichen. Die beiden Dateien bzw. Tabellen können dann bspw. mittels Microsoft Excel (Power Query) zusammengefasst werden. In diesen Fällen ist zu beachten, dass die Belegnummer in beiden Dateien vorhanden ist. Sie ist das Schlüsselfeld für die anschließende Zusammenführung; zum Zusammenführen wird auf die Ausführungen unter 3.3. Datenvalidierung verwiesen.

Sofern keine individuelle Datenbeschaffung möglich oder gewünscht ist, können im Regelfall auch die GoBD-Daten verwendet werden. Hier ist zu zu beachten, dass in einigen ERP-Programmen nicht alle für Journal Entry Tests benötigten Datenfelder mit ausgegeben werden. Dennoch können die GoBD-Daten eine hervorragende Grundlage sein, um ggf. mit ergänzenden Tabellen die gewünschten Auswertungen zielgerichtet zu erstellen.

Die GoBD-Daten bestehen im Regelfall aus einer XML-Datei (index.xml) und einer oder mehrerer Text- oder CSV[21]-Dateien. Die XML-Datei enthält die Kopfdaten, also u.a. den Dateiaufbau, die Datenfelder, deren Formatierung (bspw. Text, Nummerisch oder Datum) sowie die Feldlänge der jeweils zugehörigen CSV-Dateien.

```xml
<?xml version="1.0" encoding="ISO-8859-1" ?>
<!DOCTYPE DataSet (View Source for full doctype...)>
- <DataSet>
    <Version>1.0</Version>
    - <DataSupplier>
        <Name>█████████████</Name>
        <Location>█████████/Location>
        <Comment>Generated with BRAIN DBAccess</Comment>
    </DataSupplier>
    - <Media>
        <Name>Media1</Name>
        - <Table>
            <URL>groth.FT2020.csv</URL>
            <Name>groth.FT2020</Name>
            <Description>Buchungsstoff-Ausgabedatei</Description>
            <ANSI />
            - <VariableLength>
                <TextEncapsulator>"</TextEncapsulator>
                - <VariableColumn>
                    <Name>BUFIRM</Name>
                    <Description>Firma (Mandant)</Description>
                    <AlphaNumeric />
                    <MaxLength>3</MaxLength>
                </VariableColumn>
                - <VariableColumn>
                    <Name>BUBUKR</Name>
                    <Description>Buchungskreis</Description>
                    <AlphaNumeric />
                    <MaxLength>2</MaxLength>
```

Abb. 3.2 Aufbau einer index.XML-Datei

---

[21] CSV-Dateien sind Textdateien, bei denen die enthaltenen Datenfelder oftmals durch Komma, Semikolon, o.Ä. getrennt sind.

> **Praxistipp:**
> Der Inhalt einer XML-Datei kann betrachtet werden, indem die Datei im Windows Dateiexplorer ausgewählt wird, das Kontextmenü durch einen rechten Mausklick geöffnet wird und anschließend über *Öffnen mit* bspw. Microsoft Edge ausgewählt wird.

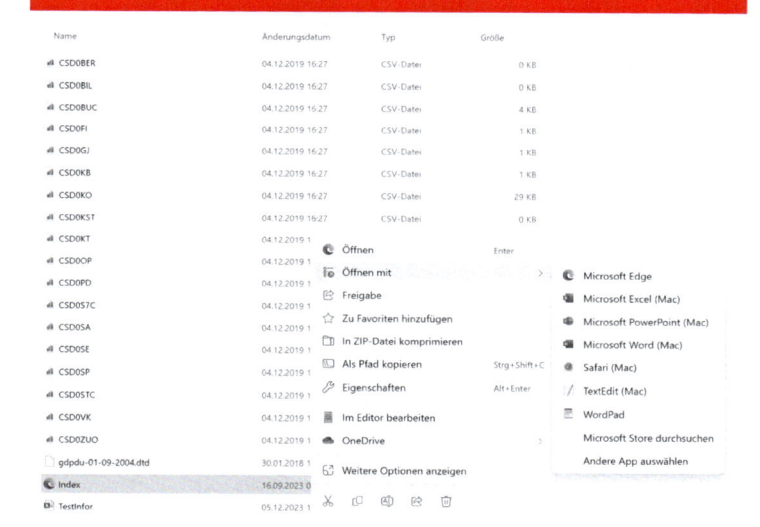

Abb. 3.3 Ansicht des Inhalts einer XML-Datei

Die CSV-Daten beinhalten die originären Daten, also die einzelnen Datenfelder (bspw. Belegnummer, Belegdatum, Buchungsdatum, Erfasser …). Die CSV-Daten können auch über Microsoft Excel direkt eingelesen werden (Doppelklick auf den Dateinamen oder über *Datei – Öffnen* (versionsabhängig). In der Regel enthalten die CSV-Datei jedoch keine Spaltenüberschriften und sind auch nicht als Text, Zahl oder Datum formatiert. Diese Informationen können u.a. manuell aus der index.XML-Datei manuell herausgesucht und ergänzt werden. Einfacher ist es, dies durch entsprechende Programme durchführen zu lassen. Bspw. können diese Daten in IDEA einschließlich aller Überschriften direkt eingelesen werden.

> **Praxistipp:**
> Ein kostengünstiges und einfaches Tool zum Einlesen und Konvertieren in ein Microsoft Excel- oder Access-Format ist der GoBD Im-

Für die in den nachfolgenden Kapiteln dargestellte Datenvalidierung, Datenaufbereitung und Datenauswertung können die Daten in speziellen Programmen wie ACL oder IDEA eingelesen werden. In den meisten mittelständischen Kanzleien wird jedoch eher Microsoft Excel das Tool der Wahl sein. Ab der Version Microsoft Excel 2016 und auch in Microsoft Excel 365 bietet Microsoft den Power Query Editor an. Nach dem Öffnen einer leeren Microsoft Excel-Datei können über die Menüpunkte *Daten – Daten abrufen – Aus Datei – Aus Excel-Arbeitsmappe* die relevanten Microsoft Excel-Dateien in Power Query geladen werden.

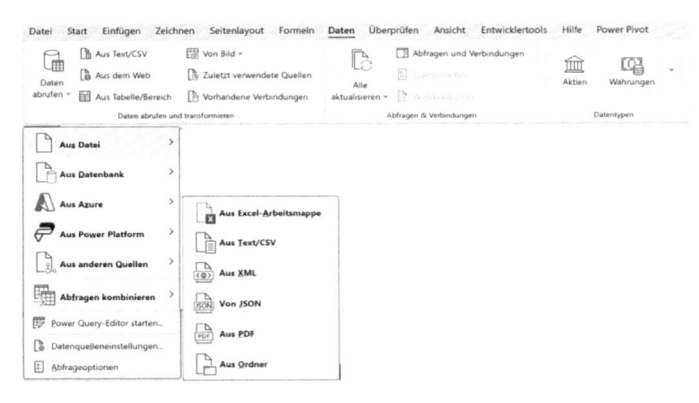

Abb. 3.4 Einlesen der Daten in Power Query

In dem sich nun öffnenden Fenster *Daten importieren* kann die entsprechende Microsoft Excel-Datei (bspw. Journal_Jet.xlsx[23] und hier das Tabellenblatt Original) selektiert und *Daten transformieren* ausgewählt werden.

---

[22] https://www.roger-odenthal.de/informationen/digital-audit/gobd-importer/ (Stand: Februar 2024).
[23] Siehe Beispieldaten aus dem Downloadbereich.

Hinweis:

Es empfiehlt sich, die Daten nicht direkt zu laden, sondern zunächst *Daten transformieren* auszuwählen (vgl. Abb. 3.5). Die Daten werden (später) in Microsoft Excel weiterverarbeitet und können so vorher noch angepasst werden. Als Beispiel sei hier die Zusammenführung von Kopf- und Bewegungsdaten in Power Query genannt.

Abb. 3.5 Power Query Daten transformieren

Nach diesem Einlesevorgang (Klick auf *Daten transformieren*) sind die Daten in Power Query verfügbar.

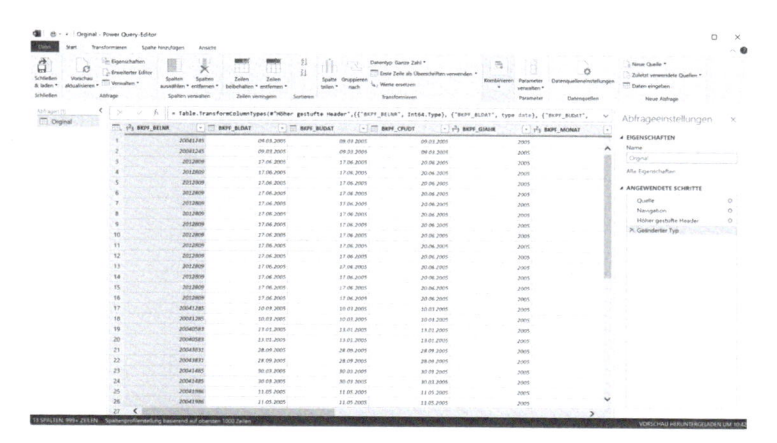

Abb. 3.6 Ansicht der Daten in Power Query

Sollen die Daten in Microsoft Excel weiterverarbeitet werden, erfolgt dies über den Button *Schließen & Laden*. In Microsoft Excel werden die aus Power Query stammenden Daten im sogenannten Tabellenlayout dargestellt. Innerhalb von Microsoft Excel können die Daten beliebig weiterverarbeitet und/oder formatiert werden.

> **Praxistipp:**
> Ergänzte Felder, Formeln etc., die an dieser Stelle in Microsoft Excel ergänzt werden, sind nach einem erneuten Laden in Power Query dort nicht verfügbar. In Abhängigkeit der Änderungen, die in Power Query vorgenommen werden, kann es sogar zu einem Fehler in der Formel kommen. Daher empfiehlt es sich, die Daten erst in Power Query aufzubereiten und im Nachgang in Microsoft Excel final zu bearbeiten.

Über *Daten – Abfragen und Verbindungen – Bearbeiten* oder rechte Maustaste *Tabelle – Abfrage bearbeiten* öffnen sich die Daten wiederum in Power Query.

3.3 Datenvalidierung

Die vom Mandanten bereitgestellten Daten[24] müssen vor der Weiterverarbeitung insbesondere auf ihre Vollständigkeit hin überprüft werden. Eine Vollständigkeitsprüfung kann vereinfacht über die Anzahl der Datensätze erfolgen. Ergänzend sollten die Selektionskriterien und Eingrenzungen geprüft werden.

Zudem ist es zielführend, vor der weiteren Bearbeitung die inhaltliche und zeitliche Richtigkeit der Daten abzustimmen. Ansonsten besteht das Risiko, dass die Auswertungen aufgrund fehlerhafter Ausgangsdaten nicht verwendbar oder falsch sind. Ggf. ist es erforderlich, dass die Daten für die erforderliche Abstimmung bereits im Vorfeld um eigene Felder ergänzt und/oder vorbereitet werden müssen; auf die Ausführungen zu Phase 4 – Datenaufbereitung – wird verwiesen.

Die wichtigsten Abstimmhandlungen sind:

- Ausgeglichene Soll- und Haben-Buchungen,
- Belegsummen,

---

[24] Per Download-Link, USB-Stick o.Ä.

- Abstimmung mit der Summen- und Saldenliste und darauf aufbauend mit der vorliegenden Bilanz und Gewinn- und Verlustrechnung.

Zunächst kann eine Summe über die Soll-Haben-Beträge gezogen werden. Sofern das Journal Soll-Haben-Kennzeichen[25] enthält und somit der Betrag pro Belegzeile immer mit einem positiven Vorzeichen dargestellt wird, muss im Vorfeld ein neues Datenfeld eingefügt werden.[26] In Microsoft Excel kann dies über die Formel *wenn(G2 =„S";F2;-F2)* erfolgen.

Spalte A Beleg	Spalte B Beleg-datum	Spalte C Buchungs-datum	Spalte D Erfas-sungs-datum	Spalte E Erfas-ser	Spalte F Betrag in EUR (vor Bearbei-tung)	Spalte G S-H	Spalte H Sach-konto	Spalte I Betrag in EUR (bear-beitet)
20041986	11.05.2023	11.05.2023	11.05.2023	BB	87,96	H	548010	-87,96
20041986	11.05.2023	11.05.2023	11.05.2023	BB	3.062,49	H	285021	-3.062,49
20041986	11.05.2023	11.05.2023	11.05.2023	BB	3.150,45	S	442000	3.150,45

Tab. 3.3 Auszug aufbereitetes Buchungsjournal

Im Praxistipp des letzten Kapitels wurde ausgeführt, dass in Microsoft Excel ergänzte Formeln nicht in Power Query übernommen werden. Da der bearbeitete Betrag für spätere Auswertungen nötig ist, sollte die Änderung daher direkt in Power Query vorgenommen werden. Hier kann über das Menü *Spalte hinzufügen – bedingte Spalte* das benötigt Feld ergänzt werden.

Abb. 3.7 Power Query, bedingte Spalte hinzufügen

---

[25] Dies ist oftmals bei Verwendung von GoBD-Daten der Fall; abhängig vom ERP-System.
[26] In ACL oder IDEA wird dies über „Neuen Ausdruck hinzufügen" umgesetzt.

In einigen Power Query-Versionen ist es möglich, dass das Minuszeichen in der *Sonst*-Bedingung nicht direkt eingegeben werden kann. In diesem Fall hilft es, dennoch mit *OK* zu bestätigen und im Anschluss die Änderung in der SQL-Befehlszeile von Power Query oder die hinzugefügte bedingte Spalte über die Bearbeitungsfunktion anzupassen.

Abb. 3.8 Power Query, bedingte Spalte anpassen

In Abb. 3.9. wurde in der benutzerdefinierten Spaltenformel hinter *else* das erforderliche Minuszeichen manuell ergänzt.

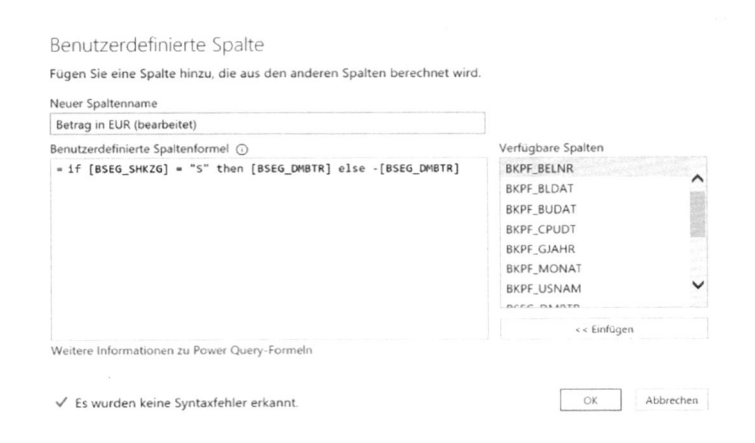

Abb. 3.9 Power Query, bedingte Spalte bearbeiten

Im Ergebnis werden in der Spalte *Betrag in EUR (bearbeitet)* alle Soll-Buchungen positiv und Haben-Buchungen negativ dargestellt. Die Abstimmsumme (hier: *Betrag in EUR (bearbeitet) = Null*) kann im Anschluss in Microsoft Excel erfolgen.

Praxistipp:
Sofern in den erhaltenen Daten Sollsalden positiv und Habensalden negativ dargestellt werden, empfiehlt es sich, dennoch ein bedingtes Feld einzufügen, in dem der Saldo immer positiv ist. Dieses (nur positive) Betragsfeld wird im weiteren Verlauf der JET-Analysen benötigt[27].

Bei einem Buchungsjournal muss darüber hinaus die Summe der einzelnen Belegzeilen pro Beleg jeweils null ergeben. Dies kann durch eine Summierung des Betragsfeldes über das Kriterium „Beleg" erreicht werden.

Beleg	Betrag	Währung	Anzahl Belegzeilen
100000000	0,00	EUR	30
100000001	0,00	EUR	18
100000002	0,00	EUR	4
100000003	0,00	EUR	20

Tab. 3.4 Auszug Abstimmungssumme pro Beleg

Die Umsetzung in Power Query erfolgt über den Menüpunkt *Transformieren – Gruppieren nach*.

Gruppieren nach

Geben Sie die gewünschte Ausgabe und die Spalte an, nach der gruppiert werden soll.

◉ Standard ○ Weitere

| BKPF_BELNR ▼ |

Neuer Spaltenname	Vorgang	Spalte
Summe	Summe ▼	Betrag in EUR (bearbeitet) ▼

OK   Abbrechen

Abb. 3.10 Power Query, Gruppieren nach

Im Ergebnis wird das bearbeitete Betragsfeld über die Belegnummer aufsummiert. Wenn diese Daten über den Button *Speichen & Laden* nach Microsoft Excel übergegeben werden, sind die Originaldaten (alle Daten-

---

[27] Dies kann in Power Query analog der obigen Darstellung mit einer bedingten Spalte und „-" umgesetzt werden oder es wird die Spaltenformel *Number.Abs* für die Rückgabe eines absoluten Werts einer Spalte verwendet.

felder) in Microsoft Excel zunächst nicht mehr verfügbar. In diesem Fall muss zurück nach Power Query gewechselt werden[28], und dort der Schritt *gruppierte Zeilen* durch Klick auf das „X" vor *gruppierte Zeilen* wieder gelöscht werden.

Abfrageeinstellungen ×

▲ EIGENSCHAFTEN
Name
Orginal

Alle Eigenschaften

▲ ANGEWENDETE SCHRITTE

Quelle	⚙
Navigation	⚙
Höher gestufte Header	⚙
Geänderter Typ	
Hinzugefügte bedingte Spalte	⚙
× Gruppierte Zeilen	⚙

Abb. 3.11 Power Query, Schritt löschen

Bei einer erneuten Übernahme der Daten nach Microsoft Excel sind die Originaldaten wieder vollumfänglich vorhanden.

> **Hinweis:**
> Zur Vermeidung des Überschreibens bei Rückgabe der bearbeiteten Daten aus Power Query nach Microsoft Excel, kann entweder vorher in Microsoft Excel eine Kopie des Tabellenblatts der Originaldaten angelegt werden oder in Power Query die eingelesene Originaldatei vor ihrer Bearbeitung dupliziert[29] werden.

Sofern einzelne Summen pro Beleg nicht null ergeben, sollte dieses vor einer weiteren Verarbeitung geprüft werden. Dies kann durch eine Summenbildung über das gesamte Journal generiert werden. Sollte dies nicht der

---

[28] In der Microsoft Excel-Tabelle über rechte Maustaste *Tabelle – Abfrage bearbeiten*.
[29] Klick im linken Bereich von Power Query auf den Dateinamen (hier: *Original*), rechte Maustaste und im Kontextmenü *Duplizieren* auswählen.

Fall sein, kann die Datenauswertung seitens des Mandanten fehlerhaft sein oder die Datenübernahme.

Darüber hinaus sollte das Journal mit der Bilanz und Gewinn- und Verlustrechnung übereinstimmen. So wird sichergestellt, dass auch in zeitlicher Hinsicht die übernommenen Journaldaten ordnungsgemäß sind, also vollständig dem zu prüfenden Geschäftsjahr entsprechen. Zu diesem Zweck wird aus dem Journal eine Summen-Saldenliste auf der Basis des Hauptbuchkontos erzeugt. Dies erfolgt unter Verwendung einer Summierung (bzw. Gruppierung bei Verwendung von Power Query) des Betragsfelds über das Kriterium „Hauptbuch". Der Saldo der so erzeugten Hauptbuchkonten muss mit der für die Prüfung vorhandenen Summen-Saldenliste bzw. der darauf aufbauenden Bilanz und Gewinn- und Verlustrechnung übereinstimmen. Hieraus kann auch auf die Vollständigkeit der übernommenen Daten in zeitlicher Hinsicht geschlossen werden. Sollten einzelne Zeiträume fehlen, würde die Abstimmung Differenzen aufweisen. Diese Grundabstimmungen sollten weitestgehend automatisiert werden, um Fehler bei der Datenbereitstellung durch den Mandanten und der Datenübernahme durch den Prüfer möglichst auszuschließen.

> **Praxistipp:**
> Zur Automatisierung der immer notwendigen Abstimmung der erhaltenen Daten kann die Skript-/Makrofunktion des verwendeten Prüfungs- und Tabellenkalkulationsprogramms verwendet werden. In der Regel bieten diese Programme Aufzeichnungsmöglichkeiten an. In ACL bspw. über *Extras – Skript-Recorder an* oder in Microsoft Excel über *Entwicklertools*[30] *– Makro aufzeichnen*.

3.4 Datenaufbereitung

In der Phase der **Datenaufbereitung** wird die Datenbasis für die nachfolgenden Auswertungen vorbereitet. Unter Umständen hat der Mandant das Journal aufgrund der Größe der Gesamtdatei in einzelne Monate aufgesplittet. Diese sollten dann vor den eigentlichen Journal Entry Tests zu einer Gesamtjournaldatei zusammengeführt werden. Hier findet somit eine vertikale Verbindung der einzelnen Monatsdateien statt, sprich, die einzelnen Monate werden in einer einzigen Jahresdatei zusammengefasst.

---

[30] Sofern der Menüpunkt *Entwicklertools* nicht sichtbar ist, kann der Benutzer diesen über *Datei – Optionen – Menüband* anpassen und dort im rechten Fenster den Haken setzen bei *Entwicklertools*.

In Power Query[31] erfolgt dies unter Verwendung von *Start – Abfragen anfügen*.

Darüber hinaus muss in Abhängigkeit vom Finanzbuchhaltungssystem das Journal ggf. selbst erstellt werden. Es kann in diesen Fällen bspw. auf mehreren Tabellen basieren. Als Beispiel für die Vorgehensweise zum Aufbau eines Journals sei hier das SAP-System genannt.

Bei einem SAP-System werden für die Erzeugung des Gesamtjournals drei Tabellen benötigt, die Tabellen BSEG, BKPF und SKA1. Die Tabelle BSEG enthält dabei die einzelnen Zeilen des Belegs. Die zugehörigen Belegkopfdaten, also bspw. die sich pro Buchungsbeleg nicht ändernde Belegnummer, die sich nicht ändernden Beleg- und Buchungsdatumsfelder sind in der Tabelle BKPF enthalten. Die Tabelle SKA1 enthält bspw. die Sachkontenbezeichnungen. Damit kann den Sachkonten eine sprechende Bezeichnung bei den Journal Entry Tests mitgegeben werden.

Die drei Tabellen müssen zum Zwecke der Erstellung eines auswertbaren Gesamtjournals miteinander verbunden werden. Zu diesem Zweck werden in einem ersten Schritt die Tabellen BSEG und BKPF miteinander verbunden, sodass die Datenfelder aus beiden Tabellen in einer Gesamtdatei verfügbar sind. Die aus Schritt 1 erzeugte Gesamtdatei wird dann in einem zweiten Schritt mit der Tabelle SKA1 verbunden.

Zur Verknüpfung der Tabellen wird ein Datenfeld benötigt, welches in beiden Dateien vorhanden ist. Dieses Datenfeld dient dann als Schlüsselfeld, als Verzahnung oder das Ketten-/Verbindungsglied zwischen den beiden Tabellen. Anders dargestellt: Die Datenfelder der Tabelle BSEG werden nach rechts um die Datenfelder aus der Tabelle BKPF (also z.B. Beleg- und Buchungsdatum) ergänzt. Damit die Erweiterung nach rechts zu sinnvollen Ergebnissen führt, muss ein Kriterium vorhanden sein, welches die Erweiterung steuert. Das ist bei Tabellen, aus denen ein Journal erzeugt werden muss, grundsätzlich die Belegnummer. Die Belegnummer ist in beiden Tabellen vorhanden und steuert das Zusammenspiel der einzelnen Belegzeilen (Tabelle BSEG) mit den Belegkopfdaten (Tabelle BKPF).

In einem ersten Schritt werden somit die Tabellen BSEG und BKPF anhand des Kriteriums bzw. Schlüsselfelds BELNR horizontal miteinander verbunden. Letztendlich werden demnach die Datenfelder in der Tabelle BSEG um die Datenfelder der Tabelle BKPF erweitert. Ergänzend kann in einem zwei-

---

[31] In ACL wäre es bspw. der Befehl *append*.

ten Schritt das so erzeugte Journal um die Sachkontenstammdaten (bspw. die Bezeichnung der Sachkonten) ebenfalls horizontal erweitert werden. Das so erzeugte Gesamtjournal kann nun für die weitere Aufbereitung und Auswertung verwendet werden. **Abb. 3.12** stellt diese Zusammenhänge grafisch dar.

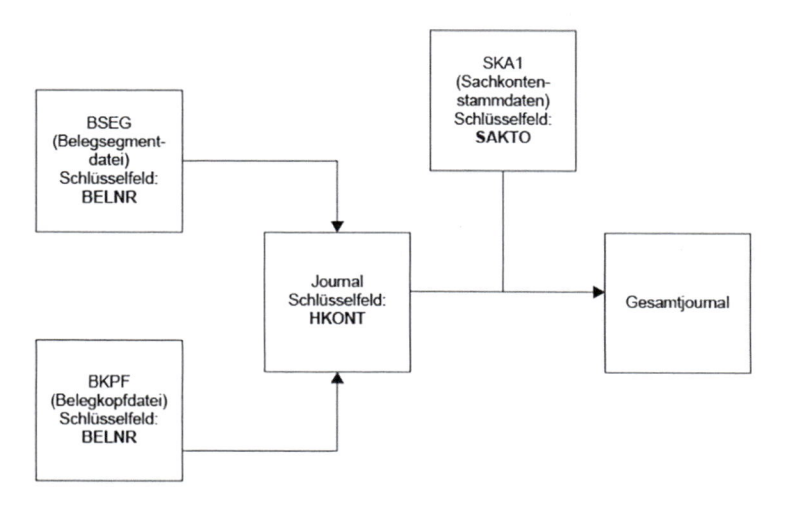

Abb. 3.12 SAP-Gesamtjournal

Praxistipp:
Die hier dargestellte Technik des Zusammenfügens kann für eine Vielzahl von Auswertungen bzw. Vorbereitungen für Datenanalysen genutzt werden.

Die Umsetzung der Zusammenfügung von zwei oder mehreren Dateien, bzw. anders formuliert die Erweiterung einer Datei um bestimmte Felder nach rechts, kann auch mit Power Query einfach bewerkstelligt werden. Hierfür wird in Power Query unter *Start – Abfragen zusammenführen* entweder eine bestehende Datei erweitert oder eine neue Datei erzeugt.

Abb. 3.13 Power Query, Abfragen zusammenführen

Bei Auswahl von *Abfrage zusammenführen* erscheint ein Dialog, in dem die beiden zusammenzuführenden Dateien ausgewählt werden können. Die beiden Schlüsselfelder, also diejenigen Felder, die in beiden Dateien vorhanden und inhaltlich gleich sind (hier jeweils das Feld „Belegnr"), werden ausgewählt und nachfolgend die Join-Art[32] bestimmt. Nach Klick auf *OK*, werden die beiden Dateien überprüft und nachfolgend zusammengefasst.

Zusammenführen

Wählen Sie eine Tabelle und übereinstimmende Spalten aus, um eine zusammengeführte Tabelle zu erstellen.

Journal

Belegnr	Koart	S/H	Betrag Hauswähr	Währg	Text	Hauptbuch
100000	D	H	464,36			230110
100000	S	S	464,36			528010
100000	S	H	88,23			371400
100000	S	S	88,23			250400
100001	D	H	182,5			230110

BKPF

BuKr	Belegnr	Belegart	Bel.Datum	Buch.dat.	ErfDatum	Jahr	Periode	Name des Benutzers
1111	100000	WI	06.04.2022	06.04.2022	06.04.2022	2022	04	000000161683
1111	100001	WI	06.04.2022	06.04.2022	06.04.2022	2022	04	000000161683
1111	100002	WI	06.04.2022	06.04.2022	06.04.2022	2022	04	000000161683
1111	100003	WI	08.04.2022	08.04.2022	08.04.2022	2022	04	000000161728

Join-Art

Linker äußerer Join (alle aus erster, übereinstimmende...

☐ Fuzzyübereinstimmungen zum Zusammenführen verwenden

> Optionen für Fuzzyübereinstimmung

[OK] [Abbrechen]

Abb. 3.14 Power Query, Abfragen zusammenführen, Dialog

In Power Query müssen die Datenfelder aus der ergänzten Datei im Nachgang ausgewählt werden. Erst dann werden die (ausgewählten) Datenfelder angezeigt und unter Verwendung von *Schließen & laden* nach Microsoft Excel übernommen.

---

[32] Die Join-Art bestimmt u.a., ob alle Datensätze aus der ersten, aus der zweiten oder aus beiden Dateien übernommen werden. Zudem kann gewählt werden, ob nur alle übereinstimmenden oder nicht übereinstimmenden Datensätze übernommen werden.

Datenaufbereitung

Abb. 3.15 Power Query, Abfragen zusammenführen, Felder erweitern

Ferner besitzen die Betragsfelder in vielen Finanzbuchhaltungsprogrammen ein getrenntes Soll-Haben-Kennzeichen.[33] Im Zuge der Aufbereitung hat es sich in der Praxis bewährt, ein eigenes Datenfeld zu erzeugen, welches als Inhalt die Soll-Salden positiv und die Haben-Salden negativ darstellt. Diese Darstellung entspricht der üblichen Handhabung von Betragsfeldern in den Finanzbuchhaltungsprogrammen.

In dem Journal werden, wie bereits dargestellt, die einzelnen Belegzeilen ausgegeben. Dies hat zur Folge, dass Selektionen über den Betrag zu fehlerhaften Auswertungsergebnissen führen können. Sollte bspw. die Wesentlichkeitsgrenze bei 10.000 € liegen, kann eine Selektion über das Betragsfeld zu einer falschen Eingrenzung führen.

Beleg	Belegzeile	Betrag in EUR	Betrag in EUR (bearbeitet)	Soll-Haben-Kennzeichen
100000000	1	1.500,00	1.500,00	S
100000000	2	9.000,00	9.000,00	S
100000000	3	6.500,00	−6.500,00	H

[33] Als Beispiel sei hier DATEV genannt.

Beleg	Belegzeile	Betrag in EUR	Betrag in EUR (bearbeitet)	Soll-Haben-Kennzeichen
100000000	4	4.000,00	−4.000,00	H

Tab. 3.5 Auszug Buchungsjournal, Summenbildung

Bei einer Auswertung, die als Betragsgrenze die o.g. 10.000 € vorsehen würde, wird dieser Beleg nicht in der Stichprobe erscheinen, da jedes Betragsfeld unterhalb der Wesentlichkeitsgrenze liegt. Dennoch ist offensichtlich, dass die Summe der Soll-Buchungen die Wesentlichkeitsgrenze übersteigt. Hier hat es sich bewährt, bereits in der Phase der Datenaufbereitung eine ergänzende Summenspalte pro Beleg einzufügen. Als Belegsumme wird hierbei die Summe der Soll- oder Haben-Buchungen verstanden. Im Ergebnis würde sich demnach folgendes Bild ergeben:

Beleg	Belegzeile	Betrag in EUR	Betrag in EUR (bearbeitet)	Soll-Haben-Kennzeichen	Belegsumme
100000000	1	1.500,00	1.500,00	S	10.500,00
100000000	2	9.000,00	9.000,00	S	10.500,00
100000000	3	6.500,00	−6.500,00	H	10.500,00
100000000	4	4.000,00	−4.000,00	H	10.500,00

Tab. 3.6 Auszug Buchungsjournal, Summenbildung ergänzt

Bei der Durchführung von Journal Entry Tests kann somit ergänzend die Belegsumme als Auswertungskriterium verwendet werden. In der praktischen Umsetzung kann dies bei Verwendung von Microsoft Excel mit der *SUMMEWENN*-Funktion gelöst werden. Wenn hier das Belegfeld als Summierungskriterium verwendet wird, muss eine Division durch zwei erfolgen, da die Summe des Betragsfelds alle Belegzeilen umfasst. In der **Tab. 3.6** würden sich bspw. 21.000,00 €, dividiert durch zwei, also 10.500,00 € ergeben. Bei Verwendung eines Prüfungsprogramms (z.B. ACL) sind keine gleichlautenden Funktionen verfügbar. Aus dem Journal kann jedoch eine summierte Datei über das Kriterium „Beleg" mit der Zwischensumme „Betrag" generiert werden. Das Betragsfeld muss dann ebenfalls durch zwei dividiert werden. Alternativ kann die Summierung auch unter der Bedingung vorgenommen werden, dass nur Soll-Salden einbezogen werden; dann entfällt die Division. Das über den jeweiligen Beleg summierte Betragsfeld kann im Anschluss über den Menüpunkt *Daten – Zusammenführen* wieder als weitere Spalte an das Journal angehängt werden. Es ergibt sich auch hier die in **Tab. 3.6** dargestellte Struktur.

> **Hinweis:**
> Erfolgt eine Summierung des Betrags pro Beleg in einem Journal mit Soll-Haben-Kennzeichen, muss der Betrag jeweils durch zwei dividiert werden, da Soll- und Haben-Beträge jeweils das gleiche (positive) Vorzeichen besitzen. Anderenfalls wäre die Belegsumme verdoppelt.

Im Regelfall stammen die Daten aus verschiedenen Finanzbuchhaltungssystemen, deshalb ist die Bezeichnung der Datenfelder nicht einheitlich. Um die Journal Entry Tests nicht mehrfach neu aufsetzen zu müssen, sollte die Struktur des Datensatzes vereinheitlicht werden. Dieses Vorgehen ist insbesondere bei einer Automatisierung, also dem Arbeiten mit Makros oder Skripten, sinnvoll.

Die üblicherweise durchgeführten Journal Entry Tests können in diesem Fall einmal umgesetzt werden. Änderungen und/oder Erweiterungen müssen dann nur einmal (für alle) angepasst werden.

Die vom Mandanten zur Verfügung gestellten Daten werden zu diesem Zweck auf die gewünschte Struktur übergeleitet. Beispielsweise könnte der Datensatz für die Standard Journal Entry Tests folgenden Aufbau haben:

Feldname	Typ	Länge	Dezimal	Beschreibung
Beleg	Zeichen	10		Belegnummer
Belegdatum	Datum	10		Belegdatum im Beleg, Format: TT-MM-JJJJ
Buchungsdatum	Datum	10		Buchungsdatum im Beleg, Format: TT-MM-JJJJ
Erfassungsdatum	Datum	10		Erfassungsdatum im Beleg, Format: TT-MM-JJJJ
Geschäftsjahr	Zeichen	4		Geschäftsjahr
Periode	Zeichen	2		Buchungsperiode
Benutzer	Zeichen	7		Erfasser/Benutzername
Betrag	Nummerisch	10	2	Betrag in Hauswährung
Sachkonto	Zeichen	10		Sachkonto im Hauptbuch
Text	Zeichen	20		Buchungstext
SHKZ	Zeichen	1		Soll-Haben-Kennzeichen

Tab. 3.7 Standarddatensatz

Die Feldnamen aus der vom Mandanten erhaltenen Journaldatei weisen anstelle der o.g. Bezeichnungen bspw. Belegnummer, Belegdatum, Buchungsdatum, CPU-Datum, Jahr, Periode, Benutzer, Betrag, Konto, Text und Soll-Haben-Kennzeichen auf. Der erhaltene Datensatz sollte nun auf die Grundstruktur überführt werden. Bei Verwendung von Microsoft Excel können die Feldnamen an die gewünschte Struktur angepasst werden. Gleiches gilt beim Einsatz von Power Query. Auch hier kann die Feldbezeichnung entweder bereits in Microsoft Excel geändert werden oder in Power Query durch einen Doppelklick auf den Feldnamen, der dann überschrieben bzw. geändert werden kann. Sofern ein spezielles Prüfungsprogramm, bspw. ACL, eingesetzt wird, kann die Überleitung entweder manuell in der Tabellendefinition oder maschinell via Skript[34] vorgenommen werden.

> **Praxistipp:**
> Insbesondere dann, wenn Journal Entry Tests automatisiert werden, ist eine einheitliche Struktur des Datensatzes sinnvoll. Änderungen und/oder Erweiterungen müssen dann nur einmal umgesetzt werden.

3.5 Durchführung der Journal Entry Tests

Weitergehende Erläuterungen zu den einzelnen Datenfeldern und Auswertungen erfolgen bei den jeweiligen Abfragen in Kapitel 4.

3.6 Interpretation der Ergebnisse

Die Interpretation der Ergebnisse ist zentraler Bestandteil der Journal Entry Tests. Eine reine Abarbeitung und Ablage in den Arbeitspapieren ist nicht zielführend. Ferner sollten prüfungsindividuell sinnvolle Journal Entry Tests ausgewählt und umgesetzt werden. Beispielsweise ist es bei einer Vermietungsgesellschaft, die auf ihren Umsatzerlöskonten nur jeweils immer zwölf Miet- und Nebenkostenbuchungen pro Objekt und Geschäftsjahr verzeichnet, eine Auswertung nach Erfasser pro Monat nur bedingt zielführend. Hier wäre eine Auswertung zielführend, die überprüft, ob es tatsächlich immer zwölf Buchungen sind und die Objekte auch tatsächlich noch vermietet werden. Die Fragen nach dem „Wo (auf welchen Konten)?" und „Wann erfolgte die Erfassung?" können sinnvoll beantwortet werden. Die Fragen „Wer hat den Geschäftsvorfall erzeugt?" oder „Was soll damit

---

[34] Bei Einsatz eines Skripts würde der Befehl innerhalb eines ACL-Skripts bspw. wie folgt aussehen (es wird eine neue Datei mit dem Namen JournalNeu erzeugt): Extract Belegnummer as „Beleg" Belegdatum Buchungsdatum CPUDatum as „Erfassungsdatum" Jahr as „Geschäftsjahr" Periode as „Buchungsperiode" Benutzer Betrag Konto as „Sachkonto" Text SHKZ to JournalNeu.

abgebildet werden?", ergeben sich bereits aus dem Geschäftszweck selbst, der Vermietung von Objekten.

> **Praxistipp:**
> Die durchzuführenden Journal Entry Tests müssen sich an den Gegebenheiten des zu prüfenden Mandanten orientieren bzw. entsprechend ausgewählt werden. Dies sollte gemeinsam (Fachprüfer und IT-Prüfer) erfolgen. Nur so können die erzielten Ergebnisse zielgerichtet interpretiert und für die weitere Prüfung verwendet werden.

Darüber hinaus sollte die Interpretation der Ergebnisse gemeinsam mit den Prüfern des jeweils zugehörigen Prüffelds erfolgen. Fehlt das Verständnis für die Herangehens- und Vorgehensweise der Journal Entry Tests „schweben" diese im Raum und werden nicht weiterverwendet bzw. als „Nice to have"-Auswertung in den Arbeitspapieren abgelegt. In der Praxis hat es sich bewährt, wenn Prüffeldverantwortlicher und IT-Prüfer, der oftmals die Umsetzung der Auswertungen vornimmt, die durchzuführenden Journal Entry Tests bereits im Vorfeld miteinander abstimmen und die erwarteten Ergebnisse vorab besprechen. So erfolgt von Beginn an eine Integration in den Prüfungsablauf. Die Journal Entry Tests sollen einen Einstieg in den elektronisch vorhandenen Buchungsstoff geben. Auf die Ergebnisse der Journal Entry Tests kann im weiteren Verlauf der Prüfung durch ergänzende und erweiternde Datenanalysen aufgebaut werden.

Die Ergebnisse der Journal Entry Tests können neben der Beantwortung der sieben W-Fragen, die Funktionalität von Kontrollen im Rahmen der Prüfung des Internen Kontrollsystems bestätigen, aber auch deren Schwächen aufzeigen. Darüber hinaus können sich Unplausibilitäten ergeben, denen weiter, in vertiefenden Datenanalysen, nachgegangen werden kann.

> **Hinweis:**
> Wurde das interne Kontrollsystem als angemessen und wirksam beurteilt, ergab sich jedoch im Nachgang durch Datenanalysen ein anderes Bild, muss der Abschlussprüfer wieder einen Schritt zurückgehen und seine Beurteilung über die Wirksamkeit des internen Kontrollsystems revidieren. Der Einsatz von Datenanalysen kann die vorläufige Beurteilung des internen Kontrollsystems im Ergebnis stützen, aber auch widerlegen.

Zur detaillierten Interpretation der einzelnen Journal Entry Tests wird auf die Ausführungen im folgenden Kapital verwiesen.

4 Prüfungsziele und Erläuterung der einzelnen JET-Abfragen

4.1 Prüfungsziele in Verbindung mit JET

Die von den gesetzlichen Vertretern des zu prüfenden Unternehmens in der Rechnungslegung gemachten Aussagen stellen ausdrückliche oder implizit enthaltene Erklärungen dar. Diese muss der Abschlussprüfer, soweit sie die Rechnungslegung betreffen, auf mögliche falsche Aussagen hin überprüfen. Die wesentlichen Aussagen in der Rechnungslegung[35] müssen dabei grundsätzlich Folgendes abdecken:

Aussage	Abkürzung	Beschreibung
Vollständigkeit	VS	Alle Geschäftsvorfälle, Ereignisse, Vermögensgegenstände, Schulden oder sonstige Angaben in der Rechnungslegung, die erfasst werden müssen, wurden erfasst.
Genauigkeit	G	Alle Geschäftsvorfälle, Ereignisse, Vermögensgegenstände, Schulden oder sonstige Angaben in der Rechnungslegung sind zutreffend, angemessen und mit den richtigen Beträgen angegeben.
Vorhandensein/Eintritt	VH/E	Alle Geschäftsvorfälle, Ereignisse, Vermögensgegenstände und Schulden sind vorhanden und eingetreten und dem Unternehmen zuzurechnen.
Periodenabgrenzung	PA	Geschäftsvorfälle und Ereignisse wurden in der richtigen Berichtsperiode erfasst.
Bewertung/Zuordnung	B	Vermögensgegenstände, Schulden und Eigenkapital sind im Abschluss mit den zutreffenden Beträgen und den damit verbundenen Anpassungen der Bewertung oder Zuordnung angemessen vorgenommen.
Zurechnung	Z	Alle Geschäftsvorfälle, Ereignisse, Vermögensgegenstände und Schulden sind dem Unternehmen zuzurechnen.
Ausweis/Verständlichkeit	A	Rechnungslegungsinformationen sind angemessen und verständlich dargestellt und erläutert und die Angaben sind deutlich formuliert.

Tab. 4.1 Aussagen in der Rechnungslegung

Den bereits in 1.4.8 identifizierten Journal Entry Tests können die in **Tab. 4.1** genannten Aussagen in der Rechnungslegung wie folgt zugeordnet werden:

---

[35] Vgl. IDW Qualitätsmanagement Handbuch (QMHB), Meilenstein 5.

Journal Entry Test	VS	G	VH/E	PA	B	Z	A
Anzahl Buchungen pro Erfasser	X		X			X	
Manuelle Buchungen auf Automatikkonten							
Soll-Buchungen auf Umsatzerlösen sowie Statistik der Umsatzerlöse	X	X		X			
Buchungen mit ungewöhnlichen Buchungstexten	X		X	X		X	
Gegenkontenanalyse		X	X				
Hohe Auszahlungen bei Kassenkonten			X				
Zeitnahes Erfassen und zeitnahes Buchen	X			X			
Buchungen an Wochenenden und Feiertagen	X		X				
Doppelte Buchungen		X	X			X	
Gerundete Ziffern vor dem Komma		X					
Belegnummernlückenanalyse	X						
Buchungen über Schnittstellen	X	X	X	X			

Tab. 4.2 Journal Entry Tests und Aussagen in der Rechnungslegung

Durch zeitnahes Erfassen und Buchen soll sichergestellt werden, dass ein enger zeitlicher Zusammenhang zwischen den einzelnen Vorgängen und ihrer buchmäßigen Erfassung besteht. Der Begriff der Zeitgerechtheit umfasst somit sowohl die zeitnahe Erfassung als auch die zeitnahe Buchung. Damit soll sichergestellt werden, dass in der Zeit zwischen der Entstehung des Geschäftsvorfalls und seiner Verbuchung keine Umstände eintreten, die verhindern könnten, dass die Buchung nicht ordnungsgemäß vorgenommen wird.

Eine verzögerte Erfassung von zu buchenden Geschäftsvorfällen und Ereignissen kann u.a. Ursache für eine mangelnde Vollständigkeit sein. Ebenso besteht ein höheres Risiko, dass die Abgrenzung der jeweiligen Berichtsperiode nicht ordnungsgemäß ist.

Darüber hinaus können Buchungen an Wochenenden und Feiertagen ausgewertet werden. Neben der vollständigen Erfassung stehen hier der Eintritt, das tatsächliche Stattfinden der Geschäftsvorfälle und die Ereignisse im Vordergrund. Wie im weiteren Verlauf erläutert, sind Buchungen an Wochenenden und Feiertagen nicht per se fehlerhaft, können aber auf mögliche Manipulationen hindeuten. Bei Buchungen mit ungewöhnlichen Buchungstexten kommt ergänzend die Frage hinzu, ob der abgebildete Sachverhalt tatsächlich dem Unternehmen zuzurechnen ist.

Die Ermittlung der Anzahl der Buchungen pro Erfasser fällt ergänzend in den Bereich der Prüfung der generellen IT-Kontrollen, da hier in Teilen auch System- bzw. automatische Benutzer in die Betrachtung einbezogen werden.

Die Statistik der Umsatzerlöse liefert u.a. vertiefende Kenntnisse über die Geschäftstätigkeit. Neben der Vollständigkeit werden Fragen zur Genauigkeit beantwortet, sprich, ob die Umsatzerlöse auf den richtigen Konten erfasst worden sind. Insbesondere in Kombination mit der Anzahl der Buchungen pro Erfasser wird deutlich, dass die Ergebnisse der Journal Entry Tests ohne Weiteres auch für Teilbereiche der Prüfung des Internen Kontrollsystems verwendet werden können.

Anhand der Gegenkontoanalyse können Aussagen zur Genauigkeit, insbesondere zur Erfassung der Geschäftsvorfälle und Ereignisse auf den richtigen Konten, getroffen werden.

Journal Entry Tests sollten bei ihrer Auswertung bzw. Interpretation der Ergebnisse nicht losgelöst von der übrigen Prüfung betrachtet werden. Ein Teil der Auswertungen bzw. Ergebnisse kann ergänzend zur Beurteilung der Wirksamkeit des Internen Kontrollsystems verwendet werden. Dies sollte bereits bei der Planung der Journal Entry Tests berücksichtigt werden.

4.2 Erläuterung einzelner JET

4.2.1 Anzahl Buchungen pro Erfasser

Ziel dieser Auswertung ist die Ausgabe der Buchungen pro Erfasser. Es soll also die Frage „Wer hat wo gebucht?", sichtbar gemacht werden. Ferner wird erkennbar, welche Benutzer in welchen Umfang auf welchen Konten gebucht haben. Nicht personalisierte Benutzer können erkannt und in einem weiteren Schritt getrennt geprüft werden. Des Weiteren werden Buchungen von nicht berechtigten Mitarbeitern ersichtlich.

Folgende Felder werden für die Auswertung benötigt:

- Beleg,
- Belegdatum (nur hilfsweise),
- Buchungsdatum (nur hilfsweise),
- Erfassungsdatum (nur hilfsweise),
- Buchungsperiode,
- Erfasser,
- Betrag,

- Sachkonto,
- Soll-Haben-Kennzeichen (wenn nicht das Betragsfeld bereits mit positiven/negativen Vorzeichen versehen worden ist),
- Belegsumme (nur hilfsweise, wenn Eingrenzungen über den Betrag vorgenommen werden sollen).

Die Umsetzung kann in Power Query über Menüpunkt *Start – Gruppieren nach* vorgenommen werden.

Abb. 4.1 Power Query, Gruppieren nach Benutzer

Die **Tab. 4.3** gibt eine Übersicht, über die im aktuellen Geschäftsjahr buchenden Benutzer:

Erfasser/ Benutzer	Anzahl der Belege	Prozent der Anzahl	Prozent des Betrags	Betrag in EUR
*	8	0,01%	0,01%	312.715,93
AB	180	0,34%	0,13%	4.130.403,20
AU	25.948	48,34%	32,27%	1.007.616.066,74
GS	8.507	15,85%	3,55%	110.857.114,14
JJ	3.364	6,27%	54,18%	1.691.570.529,97
NH	1.993	3,71%	0,87%	27.139.344,31
PR	1.424	2,65%	0,19%	5.876.939,54
PS	190	0,35%	0,86%	26.769.472,80
SS	126	0,23%	0%	33.908,84
YY	11.938	22,24%	7,94%	247.735.869,68
Summen	53.678	100%	100%	3.122.042.365,15

Tab. 4.3 Übersicht der Erfasser

In die zu prüfende Stichprobe sollten auf jeden Fall nicht personalisierte Benutzer einfließen. In **Tab. 4.**3 wären es die Buchungen des Benutzers *. Je nach Finanzbuchhaltungssystem können nicht personalisierte Benutzer unterschiedliche Darstellungsformen haben. Eine Referenzliste der im System vorhandenen Benutzer einschließlich deren Klarnamen muss im Unternehmen vorliegen. Diese kann einer erstellten Journalauswertung gegenübergestellt werden. Erkennbar werden dadurch auch Benutzer, die nur wenige Buchungen im System erfasst haben oder gar nicht bzw. auf den ausgewählten Konten nicht hätten buchen dürfen.

In **Tab. 4.**3 wären die Benutzer AB, PS und SS zu hinterfragen. Die erzeugten Einzelauswertungen pro Benutzer sollten nach weiteren Auffälligkeiten selektiert bzw. gefiltert werden, um die Stichprobe der einzusehenden Belege weiter zu reduzieren. Oftmals ergeben sich bei einer weiteren Selektion Erkenntnisse und Hinweise, auf deren Basis die Einzelfallprüfungen nochmals deutlich reduziert werden können.

Aus einer so erzeugten Übersicht (**Tab. 4.**3) werden nach Gegenüberstellung mit der bereits angesprochenen Referenzliste der Benutzer automatische, technische oder auch Systembenutzer ersichtlich. Diese Benutzer können auch Anhaltspunkte für eine neue oder geänderte Datenschnittstelle im Unternehmen geben, wenn sie in den Vorjahren nicht vorhanden waren.

Diese Erkenntnisse können mit in die IKS-Prüfung einfließen. Unter der Annahme, dass der Benutzer AU ein automatischer Benutzer ist, können die Konten, auf denen der Benutzer gebucht hat, mit den Erkenntnissen aus der IKS-Aufnahme abgeglichen werden. Beispielsweise sollte bei einem System mit einer automatischen Buchungsübernahme von Personaldaten aus einem Vorsystem nur der automatische Benutzer auf die definierten Hauptbuchkonten buchen. Erkennbar werden also Fehlbuchungen bzw. fehlerhafte Einstellungen des automatischen Benutzers, aber auch manuelle Buchungen auf Konten, die (eigentlich) nur für automatische Benutzer eingerichtet sind. Manuelle Buchungen auf grundsätzlich gesperrten Konten können dazu verwendet werden, Buchungen zu verschleiern bzw. schwerer auffindbar zu machen. Oftmals sind auf diesen Konten unzählige Einzelbuchungen der automatischen Benutzer vorhanden, sodass diese Konten nicht bei einer manuellen Stichprobenauswahl berücksichtigt werden. Zu denken wäre an Umsatzerlöskonten, die eigentlich nur von automatischen Benutzern gebucht werden sollen und üblicherweise auch für manuelle Buchungen gesperrt sind. Sofern auf diesen Konten manuelle Buchungen vorhanden sind, werden sie durch die dargestellte Auswertung sichtbar.

Eine weitere Filterung auf die Buchungen des Benutzers AU ergibt folgende Darstellung:

Sach-konto	Anzahl der Belege	Prozent der Anzahl	Prozent des Betrags	Betrag in EUR
602400	7.634	29,42%	0,54%	5.472.934,03
602700	5.962	22,98%	45,95%	463.008.763,53
609030	4.712	18,16%	25,18%	253.749.571,92
609060	3.232	12,46%	16,33%	164.539.474,35
609100	3.911	15,07%	0,41%	4.178.235,00
615100	496	1,91%	11,58%	116.657.087,91
684105	1	0%	0,00%	10.000,00
Summen	25.948	100%	100%	1.007.616.066,74

Tab. 4.4 Übersicht Konten des Benutzer AU

Da es sich um einen automatischen Benutzer handelt, können die bebuchten Konten spätestens im Rahmen der IKS-Prüfung auf ihre Ordnungsmäßigkeit geprüft werden.

Im Rahmen dieses Journal Entry Tests kann als weiterführende Datenanalyse geprüft werden, ob auf diesen grundsätzlich automatisch zu bebuchenden Konten noch weitere manuelle Buchungen erfolgt sind. Unter der Annahme, dass das Konto 609030 nur durch den Benutzer AU bebucht werden soll, ergibt eine weitergehende Auswertung folgendes Bild:

Erfasser	Anzahl der Belege	Prozent der Anzahl	Prozent des Betrags	Betrag in EUR
AU	4.712	99,87%	100,00%	253.749.571,92
PR	6	0,13%	0,00%	425,28
Summen	4.718	100%	100%	253.749.997,20

Tab. 4.5 Übersicht Erfasser für Konto 609030

Erkennbar wird, dass weitere manuelle Buchungen auf dem Konto durch den Benutzer PR erfasst worden sind.

Der Erkenntnisgewinn aus der Anzahl der Buchungen pro Erfasser kann durch Verwendung einer Kreuz- oder Pivottabelle[36] erhöht werden. Die zu buchenden Erfasser lassen sich in einer Monatsübersicht darstellen. Dadurch kann ergänzend die Information gewonnen werden, wer, wann und in welcher Regelmäßigkeit gebucht hat. Häufungen auf einzelne Zeiträume, bspw. auf den Zeitraum der Abschlussaufstellung, lassen sich gut erkennen.

Die nachfolgende Übersicht zeigt eine entsprechende Darstellung, wobei vorab eine Selektion auf die Umsatzerlöskonten vorgenommen wurde:

Buchungs-periode	Benutzer BB	Benutzer GS	Benutzer NH	Benutzer PR	Benutzer YY
1	4.307,63	−332.028,17	−561.194,87	0,00	1.768.605,03
2	25.828,92	−323.923,79	−1.438.113,68	0,00	1.640.282,41
3	0,00	1.351.985,12	0,00	−16.742,94	1.777.178,25
4	0,00	1.818.533,22	0,00	0,00	2.258.271,35
5	0,00	930.417,90	0,00	0,00	1.790.588,76
6	0,00	2.139.482,62	59.669,90	0,00	1.666.052,50
7	0,01	1.410.211,32	458.675,17	0,00	1.269.064,47
8	0,00	824.837,57	377.100,11	0,00	1.324.599,56
9	1.344.630,96	1.116.950,74	27.489,49	0,00	2.190.921,51
10	0,00	913.626,19	0,00	0,00	1.931.828,18
11	410.036,97	1.752.671,31	0,00	0,00	4.422.401,53
12	380.893,73	1.107.234,49	−2.300,81	0,00	1.587.252,67
14	0,00	0,00	0,00	0,00	−1.072.059,00
15	0,00	0,00	0,00	0,00	10.683.294,15
Summen	2.165.698,22	14.021.902,44	2.919.942,41	−16.742,94	33.238.281,37

Tab. 4.6 Kreuztabelle Umsatzerlöse, Buchungsperiode und Benutzer

Die Buchungsperioden 14 und 15 sind Sonderperioden, die oftmals für Abschlussarbeiten zur Verfügung stehen. Ersichtlich wird, dass der Benutzer PR äußerst selten, die Benutzer GS und YY hingegen regelmäßig buchen. Als Besonderheit wäre der Benutzer BB zu nennen. Dessen sporadische Buchungen können in weiteren Schritten selektiert und auf Richtigkeit und Ordnungsmäßigkeit geprüft werden. Hinzu kommt, dass der Benutzer PR auf den Umsatzerlösen nur Soll-Salden erfasst hat, die ggf. jedoch unterhalb der Wesentlichkeitsgrenze liegen.

---

[36] Im Folgenden werden Kreuz- und Pivottabelle synonym verwendet. Eine bedeutsame inhaltliche Unterscheidung gibt es hierbei nicht. Es ist lediglich nur die Begrifflichkeit in der jeweils verwendeten Anwendung, bspw. wird in ACL von Kreuztabellen und in der Microsoft-Welt von Pivottabellen gesprochen.

In Microsoft Excel kann eine Pivottabelle über den Menüpunkt *Einfügen – Pivottabelle – Aus Tabelle/Bereich* erstellt werden.

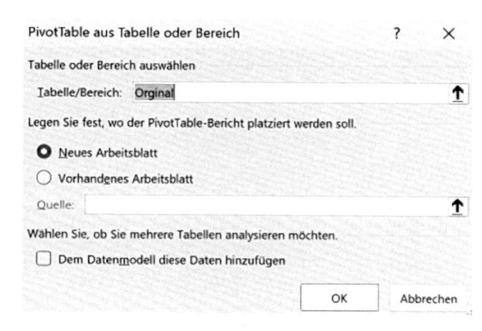

Abb. 4.2 Microsoft Excel, Pivottabelle

Im nachfolgenden Dialog können die relevanten Zeilen, Spalten und Werte gewählt werden.

Abb. 4.3 Microsoft Excel, Pivottabelle, Feldwahl

> **Hinweis:**
> Bei der Auswahl der Werte sollte bei belegmäßigen Auswertungen immer der absolute Betrag des Belegsaldos verwendet werden (s.a. 3.3 Datenvalidierung). Andernfalls wird als Wert immer null erscheinen, da die Summe pro Beleg (Summe über alle Belegzeilen) bei einer Darstellung der Sollbuchungen mit einem positiven und der Habenbuchungen mit einem negativen Vorzeichen null ergeben muss.

4.2.2 Manuelle Buchungen auf Automatikkonten

Automatikkonten sollten grundsätzlich keine manuellen Buchungen enthalten. Unter Automatikkonten werden Konten verstanden, die nur im Rahmen einer anderen Buchung mitgebucht werden. Beispielsweise werden in vielen Finanzbuchhaltungssystemen die Umsatz- und Vorsteuer anhand des verwendeten Steuerschlüssels automatisch auf den zugeordneten Umsatz- und Vorsteuerkonten erfasst. Auf diesen Konten sollten sich demnach keine manuellen Buchungen finden lassen. Die Fragestellung lautet demnach: „Was wurde wo gebucht?"

> **Praxistipp:**
> Automatikkonten sollten grundsätzlich für manuelle Buchungen gesperrt sein. Dies kann im Rahmen der Journal Entry Tests zielgerichtet und effizient geprüft werden.

Zu Analysezwecken können die entsprechenden Konten aus dem Journal selektiert bzw. gefiltert und analysiert werden.

4.2.3 Soll-Buchungen sowie Statistik der Umsatzerlöse

Prüfungsziel ist die Beantwortung der Frage: „Was und wo wurde gebucht?" Es sollen Auffälligkeiten entdeckt werden. Zu diesem Zweck können die Soll-Buchungen auf Umsatzerlöskonten ermittelt werden. Zur Eingrenzung der weiteren Stichproben sind zudem Übersichten sinnvoll. Beispielsweise können die Umsatzerlöse in Form einer Kreuztabelle nach Monat oder Erfasser dargestellt werden. Hier lassen sich weitere Erkenntnisse über eine zielgerichtete Stichprobe gewinnen.

Folgende Felder werden für die Auswertung benötigt:

- Beleg,
- Belegdatum (nur hilfsweise),
- Buchungsdatum (nur hilfsweise),

- Erfassungsdatum (nur hilfsweise),
- Buchungsperiode,
- Erfasser,
- Betrag,
- Sachkonto,
- Soll-Haben-Kennzeichen (wenn nicht das Betragsfeld bereits mit positiven/negativen Vorzeichen versehen worden ist),
- Belegsumme (nur hilfsweise, wenn Eingrenzungen über den Betrag vorgenommen werden sollen).

Soll-Buchungen auf Umsatzerlöskonten, die aus dem Journal heraus erzeugt werden, haben i.d.R. einen erheblichen Umfang. Selbst eine Verdichtung auf Belegebene (im Journal wird jeweils die einzelne Belegzeile ausgewiesen) wird die Ergebnisliste im Regelfall nicht in ausreichendem Umfang eingrenzen. Zur Verdichtung bzw. Summierung auf die einzelnen Buchungszeilen auf Belegebene wird auf die Ausführungen unter 3.4 verwiesen.

Denkbar ist, im Rahmen des Journal Entry Testings eine Betragsgrenze als Wesentlichkeitsgrenze festzulegen. Sinnvoller ist es jedoch, die Soll-Buchungen nach Buchungsmonat oder Erfasser weiter zu differenzieren, um auf dieser Basis zielgerichteter die Einzelfallstichprobe auswählen zu können.

Buchungs-periode	Benutzer BB	Benutzer GS	Benutzer NH	Benutzer PR	Benutzer YY
1	0,00	13.862,08	0,00	0,00	0,00
2	0,00	114,57	15.000,00	0,00	6.778,38
3	0,00	459,99	0,00	16.742,94	969.283,28
4	0,00	45.446,22	0,00	0,00	0,00
5	0,00	14.068,04	0,00	0,00	28.096,14
6	0,00	16.040,00	0,00	0,00	189.929,04
7	148.367,90	11.392,98	0,00	0,00	78.523,20
8	0,00	34.765,44	1.812,02	0,00	19.090,16
9	0,00	173.117,08	0,00	0,00	617.828,64
10	0,00	4.218,16	0,00	0,00	0,00
11	177,00	15.497,61	0,00	0,00	42.517,22
12	0,00	502.991,60	2.300,81	0,00	82.729,70
13	0,00	0,00	0,00	0,00	1.256.110,91
14	0,00	0,00	0,00	0,00	3.190.593,39

Buchungs-periode	Benutzer BB	Benutzer GS	Benutzer NH	Benutzer PR	Benutzer YY
Summen	148.544,90	831.973,77	19.112,83	16.742,94	6.481.480,06

Tab. 4.7 Kreuztabelle Soll-Buchungen Umsatzerlöse

Hieraus lassen sich weitere Erkenntnisse ableiten. Der Benutzer YY bucht den überwiegenden Teil der Soll-Buchungen auf den Erlöskonten. Hier sollte im weiteren Verlauf der Prüfung nach den Gründen gefragt werden.

In Abhängigkeit von der zugrunde liegenden Wesentlichkeit können hier die Buchungen des Benutzers BB aus dem Buchungsmonat Juli sowie des Benutzers GS aus den Buchungsmonaten September und Dezember als Stichprobe gewählt werden. Ebenfalls auffällig sind die glatten 15.000,00 € des Benutzers NH im Februar.

Die gesamte Auswahl beträgt nunmehr 30 Belegzeilen. Zur besseren Übersicht werden hier als Stichprobe nur die Buchungszeilen mit Beträgen > 10.000 € dargestellt:

Beleg	Beleg-datum	Buchungs-datum	Erfasser	Betrag	Sach-konto	Buchungstext
18013130	16.12.2022	20.07.2023	BB	66.382,30	511500	LV, Storno
18013128	16.12.2022	20.07.2023	BB	40.235,60	511500	LV, Storno
18013129	16.12.2022	20.07.2023	BB	20.875,00	511500	LV, Storno
18013127	16.12.2022	20.07.2023	BB	20.875,00	511500	LV, Storno
18014693	21.12.2023	21.12.2022	GS	184.051,91	511500	Payment for Equipment
18014631	21.12.2023	21.12.2022	GS	184.051,91	511500	Payment for Equipment
18014718	18.12.2023	18.12.2023	GS	12.475,52	511210	Raumsegment
18014706	03.01.2024	03.01.2024	GS	73.324,76	511500	Verkauf von Hardware

Tab. 4.8 Soll-Buchungen, auffällige Einzelposten

Hieraus wird deutlich, dass mit sinnvollen weiteren Filterkriterien die Zahl der zu prüfenden Einzelfälle deutlich reduziert werden kann.

Als Ergänzung können die Übersichten für die gesamten Umsatzerlöskonten erstellt werden. Hieraus können ebenfalls Erkenntnisse für die IKS-Prüfung gewonnen werden. Eine Darstellung in Form einer Kreuztabelle für die Umsatzerlöskonten und den buchenden Benutzer ergibt folgendes Bild:

Konto	Erfasser BB	Erfasser GS	Erfasser NH	Erfasser PR	Erfasser YY
511120	0,00	0,00	0,00	0,00	477.239,21
511130	0,00	12.782,20	2.556,44	0,00	847.001,28
511140	0,00	0,00	0,00	0,00	2.575.285,29
511150	177,00	76.612,09	16.323,44	0,00	39.478.804,14
511210	2.136.433,66	2.400.364,86	668.206,01	16.742,94	6.712.143,48
511310	0,00	48.839,32	31.155,15	0,00	63.823,36
511320	0,00	63.324,90	141.566,90	0,00	0,00
511500	296.735,81	2.089.278,95	206.934,98	0,00	6.169.710,25
511610	0,00	101.086,31	0,00	0,00	38.585,73
511620	0,00	115.432,98	5.165,15	0,00	322.367,94
511630	0,00	102.948,17	0,00	0,00	0,00
516700	0,00	99.143,13	205,80	0,00	55.808,33
516710	7.035,37	1.763.888,57	220.172,78	0,00	1.077.378,75
516720	0,00	7.909,00	0,00	0,00	0,00
Summen	2.440.381,84	6.881.610,48	1.292.286,65	16.742,94	57.818.147,76

Tab. 4.9 Kreuztabelle Umsatzerlöse Erfasser

Für die IKS-Prüfung können hier Erkenntnisse gewonnen werden, welcher Erfasser in welchem Umfang auf Umsatzerlöskonten gebucht hat. Hier werden u.a. manuelle Buchungen auf Konten ersichtlich, auf denen nur automatisch buchende Erfasser vorhanden sein sollten. Zudem wird erkennbar, welche Erfasser überhaupt Umsatzerlöse gebucht haben. Die Benutzerkennungen können anhand einer Zuordnungsliste (Benutzerkennung – vollständiger Name) einzelnen Personen oder automatischen Benutzern zugeordnet werden. Hieraus ergeben sich dann wiederum mögliche Anhaltspunkte für weitergehende Prüfungshandlungen. Wurden einzelnen Benutzer oder Konten für weitergehende Prüfungshandlungen ausgewählt, können diese analog der Handhabung der Vorgehensweise bei den Soll-Buchungen auf Umsatzerlöskonten zielgerichtet analysiert und für einzelne Stichproben ausgewählt werden.

4.2.4 Buchungen mit ungewöhnlichen Buchungstexten

Buchungen mit ungewöhnlichen Buchungstexten können Hinweise auf zu prüfende Einzelfälle geben. Auch hier soll die Frage nach dem „Was und warum wurde gebucht?", beantwortet werden. In Abhängigkeit vom Suchtext ist eine Selektion auf bestimmte Konten zu empfehlen. Beispielsweise können im Bereich der Umsatzerlöse folgende Suchtexte zielführend sein: Storno, Retoure, Berichtigung, Rücksendung, Rückgabe, Fehler.

Ungewöhnliche Buchungstexte sollten mandantenindividuell definiert werden. Allgemein verwendbare Suchtexte können sein:

- Ausbuchung,
- Berichtigung,
- Diverses,
- Error,
- Fehler,
- Gutschrift,
- Irrtum,
- Korrektur,
- Lt.,
- Retoure,
- Rückgabe,
- Rücksendung,
- Storno,
- Test,
- Umkehr,
- Verschrottung,
- XXX.

Ferner sollte nach Buchungen ohne Text gesucht werden.

Zur Begriffssuche im Journal sollten Funktionen verwendet werden, die die Suchbegriffe, unabhängig von Groß-/Kleinschreibung, an jeder x-beliebigen Stelle im Buchungstext finden.[37]

Folgende Felder werden für die Auswertung benötigt:

- Beleg,
- Belegdatum (nur hilfsweise),
- Buchungsdatum (nur hilfsweise),
- Erfassungsdatum (nur hilfsweise),
- Erfasser,
- Betrag,
- Sachkonto,
- Buchungstext,

---

[37] Bei Verwendung von ACL kann bspw. die Funktion *FIND* verwendet werden. Bei Microsoft Excel die Funktion *SUCHEN*.

- Zuordnung (als Ergänzung/Erweiterung zum Buchungstext),
- Soll-Haben-Kennzeichen (wenn nicht das Betragsfeld bereits mit positiven/negativen Vorzeichen versehen worden ist),
- Belegsumme (nur hilfsweise, wenn Eingrenzungen über den Betrag vorgenommen werden sollen).

Eine Einzelliste aller ungewöhnlichen Buchungstexte kann unter Umständen äußerst umfangreich sein. Hier bietet sich eine weitere Untergliederung an, um die Stichproben unter Risikoaspekten auszuwählen. Bewährt hat sich die Darstellung anhand einer Kreuz- oder Pivottabelle.

In der folgenden Tabelle wurden alle Datensätze mit dem Buchungstext „Storno" gefiltert. Im Anschluss wurden die Datensätze als Kreuztabelle (Spalten: „Benutzer", Zeilen: „Sachkonto", jeweils Summe über Betrag) aufbereitet:

Sachkonto	Benutzer BB	Benutzer GS	Benutzer NH	Benutzer YY	Summe
221000	172.106,77	0,00	0,00	0,00	172.106,77
261102	0,00	0,00	0,00	154,72	154,72
261400	0,00	7.513,80	0,00	0,00	7.513,80
267200	0,00	0,00	0,00	6.209,50	6.209,50
281100	8.052,76	0,00	4.450,85	139,94	12.643,55
285010	1.914,24	0,00	0,00	0,00	1.914,24
289000	1.334.412,96	7.368,66	0,00	0,00	1.341.781,62
442000	2.728,10	0,00	0,00	0,00	2.728,10
481200	0,00	0,00	0,00	60.939,11	60.939,11
482400	0,00	0,00	0,00	39,88	39,88
482430	0,00	0,00	0,00	214,23	214,23
488012	0,00	0,00	0,00	22.173.174,78	22.173.174,78
488013	0,00	0,00	0,00	22.173.174,78	22.173.174,78
511310	0,00	0,00	2.300,81	0,00	2.300,81
511500	148.367,90	0,00	0,00	0,00	148.367,90
684100	0,00	145,14	0,00	0,00	145,14
Summen	1.667.582,73	15.027,60	6.751,66	44.346.349,56	46.035.711,55

Tab. 4.10 Kreuztabelle der Buchungen mit dem Text „Storno" für Sachkonto und Benutzer

Aus der so erzeugten Übersicht können die Stichproben zielgerichteter gezogen werden. In der obigen Tabelle wurden aus Gründen der Übersichtlichkeit die Bezeichnungen der Sachkonten nicht ausgegeben. In der Praxis empfiehlt es sich, diese zur besseren Lesbarkeit ergänzend anzuzeigen.

Bei dem Konto 221000 handelt es sich um Diskontaufwendungen. Stornobuchungen von über 172.000 € geben Anlass zur weiteren Prüfung. Gleiches gilt für die Konten 289000 (sonstige betriebliche Erträge) und 511500 (Umsatzerlöse). Bei den Konten 488012 und 488013 handelt es sich um Verrechnungskonten, die in Summe auf null aufgehen. Der Begriff „Storno" ist auf diesen Konten demnach nicht ungewöhnlich und stellt auch im Ergebnis kein Risiko dar.

Nach dieser ersten Durchsicht der verdichteten Daten können im nächsten Schritt die Einzelposten der genannten Konten selektiert werden (aus Vereinfachungsgründen werden hier nur die Zeilen mit einem Betrag > 50.000 € dargestellt[38]):

Beleg	Beleg-datum	Erfasser	Sachkonto	Buchungstext	Betrag in EUR
6025037	22.03.2023	BB	289000	Storno!#2032642	166.921,26
6025037	22.03.2023	BB	289000	Storno!#2032642	166.921,26
6025037	22.03.2023	BB	289000	Storno!#2032642	166.921,26
6025037	22.03.2023	BB	289000	Storno!#2032642	166.921,26
6025037	22.03.2023	BB	289000	Storno!#2032642	166.921,26
6025037	22.03.2023	BB	289000	Storno!#2032642	166.921,26
6025037	22.03.2023	BB	289000	Storno!#2032642	166.921,26
6025037	22.03.2023	BB	289000	Storno!#2032642	166.921,26
1801313	16.12.2022	BB	221000	Dezember 2022/Storno, falscher Betrag	-77.003,47
1801313	16.12.20222	BB	511500	Leasingvertrag 115974/ Storno, falscher Betrag	66.382,30

Tab. 4.11 Einzelposten ungewöhnlicher Buchungstexte

Im Ergebnis würden aus diesem Prüfungsschritt die beiden in der Tabelle aufgelisteten Belege 6025037 und 1801313 in die Stichprobe gelangen. Da hier keine Verdichtung auf Belegebene vorgenommen wurde, sind in **Tab. 4.11** mehr Zeilen aufgelistet.

---

[38] Ohne diese Filterung ergeben sich 36 Datensätze.

4.2.5 Gegenkontenanalyse

In den aktuellen Finanzbuchhaltungssystemen wird der Buchungsstoff in einer mehrzeiligen Darstellung ausgegeben (vgl. die Ausführungen zu **Abb. 2.3)**. Eine geschlossene Darstellung der Ermittlung aller Gegenkonten ist daher aufgrund der vorhandenen mehrfachen Zuordnung bspw. eines Soll-Kontos mit mehreren Haben-Konten in einer Buchung nicht möglich. Zur Eingrenzung können u.a. die Gegenkonten für Bankkonten ausgegeben werden. Es stellt sich somit die Frage: „Wo wurde gebucht?"

Beispielsweise sind Buchungen „Wareneingang an Bank" oder „Bank an Wareneingang" unüblich. Im Regelfall werden diese Buchungen über Personenkonten abgewickelt:

„Wareneingang an Kreditor" und als weitere Buchung „Kreditor an Bank".

Korrekturen werden üblicherweise ebenfalls über den Kreditor und nicht „Bank an Wareneingang" gebucht.

Aus dem Journal lassen sich somit die Bankkonten eliminieren und grundsätzlich gesperrte Gegenkonten ausgeben. Eine Liste von grundsätzlich gesperrten Gegenkonten sollte individuell für jeden Mandanten festgelegt werden. Hilfsweise können auch alle Bankgegenkonten mit einem direkten Bezug zur Gewinn- und Verlustrechnung ausgegeben und weiter selektiert werden. Grundsätzlich sollte keine erfolgswirksame Buchung direkt über die Bankbewegung gebucht sein. Bevor es zu einer Ein- oder Auszahlung kommt, gibt es einen Grund, warum es zu einem Zahlungsfluss kommt. Dieser Grund ist regelmäßig eine Rechnung oder ein sonstiger Beleg. Diese Rechnung oder der sonstige Beleg ist Grundlage einer erfolgswirksamen Buchung, nicht der Zahlungsaus- oder -eingang. Wenn direkt vom Bankkonto gegen ein Erfolgskonto gebucht wird, kann dies auf eine fehlerhafte Periodenzuordnung hinweisen.

Folgende Felder werden für die Auswertung benötigt:

- Beleg,
- Belegdatum (nur hilfsweise),
- Buchungsdatum (nur hilfsweise),
- Erfassungsdatum (nur hilfsweise),
- Buchungsperiode (nur hilfsweise),
- Erfasser,
- Betrag,
- Sachkonto,

- Soll-Haben-Kennzeichen (wenn nicht das Betragsfeld bereits mit positiven/negativen Vorzeichen versehen worden ist),
- Belegsumme (nur hilfsweise, wenn Eingrenzungen über den Betrag vorgenommen werden sollen).

In der praktischen Umsetzung werden aus dem Journal heraus die Buchungen, die Bankkonten betreffen, jeweils getrennt nach Soll- und Haben-Saldo in jeweils eine eigene Datei übernommen. Die Datensätze werden zu diesem Zweck zunächst nach den Bankkonten und darüber hinaus nach Soll-Salden gefiltert. Die selektierten Datensätze werden im Anschluss in einer getrennten Datei erfasst. Gleiches kann mit den Haben-Salden erfolgen.

Die Dateien werden dann in einem weiteren Schritt den Buchungen aus der Gewinn- und Verlustrechnung gegenübergestellt. Daraus ergibt sich folgendes Bild:

Bankkonto	Gegenkonto	Beleg	Buchungsdatum	Belegdatum	Betrag in EUR
282013	231500 – Aufwand aus Preisdifferenzen	1016065	22.03.2023	22.03.2023	159.496,46
285020	751000 – Zinsaufwand	1016071	22.03.2023	22.03.2023	19.292,88
285080	751000 – Zinsaufwand	1016073	22.03.2023	22.03.2023	1.935,43
282013	751000 – Zinsaufwand	1016237	22.03.2023	22.03.2023	125.490,97
285020	751000 – Zinsaufwand	1016243	11.04.2023	11.04.2023	16.373,05
285080	689100 – Pachten	1016245	11.04.2023	11.04.2023	2.019,18
282013	800100 – Körperschaftsteuer	1016562	11.04.2023	11.04.2023	148.642,82
285020	800100 – Körperschaftsteuer	1016568	25.04.2023	25.04.2023	14.845,83
285320	800100 – Körperschaftsteuer	1016570	10.05.2023	10.05.2023	2.010,61

Tab. 4.12 Ergebnis Gegenkontenanalyse

Anhand dieser Übersicht können unplausible oder gesperrte Gegenkonten zeitnah festgestellt und geprüft werden. Die in der **Tab. 4.12** ausgewiesenen Bankbuchungen mit den Gegenkonten 231500 (Aufwand aus Preisdifferenzen) und 689100 (Pachten) würden in der Praxis ausgewählt und geprüft werden. Ergänzend kann diese Übersicht um den Erfasser der Buchung ergänzt werden.

Je nach Umfang der sich aus diesem Journal Entry Test ergebenden Buchungen kann es sinnvoll sein, weitere Übersichten in Form von Kreuztabellen zu erzeugen; analog der Vorgehensweise bei den Umsatzerlösen in 4.2.3.

Darüber hinaus können die Gegenkonten der Umsatzerlöse analysiert werden. Diese Buchungen können dahingehend geprüft werden, ob Buchungen vorhanden sind, bei denen kein Debitor als Gegenkonto vorhanden ist. Zudem können alle Gegenkonten der Umsatzerlöse ausgegeben werden.

Zur Ermittlung werden hierfür aus dem Journal diejenigen Belege mit Umsatzerlöskonten im Haben eliminiert und eine Verdichtung auf die Belegnummer vorgenommen. In einem ersten Schritt werden somit die Datensätze aus dem Journal auf die Umsatzerlöskonten gefiltert. Diese werden wiederum auf Buchungen mit Haben-Salden selektiert (hierfür kann das Soll-Haben-Kennzeichen verwendet werden). Im nächsten Schritt werden die einzelnen Buchungszeilen auf Belegebene verdichtet bzw. summiert.

Diese Ergebnisdatei wird dann wiederum mit der Journaldatei verbunden, d.h., die verdichteten Informationen aus der Summendatei sind im (erweiterten) Journal verfügbar. Anders ausgedrückt: Das Journal wird um die Datenfelder aus der Summendatei nach rechts erweitert.

Im Ergebnis lassen sich nun alle Belegzeilen filtern, bei denen Umsatzerlöskonten angesprochen sind. Eine verdichtete Übersicht pro Gegenkonto kann (auszugsweise) wie folgt aussehen:

Sachkonto	Bezeichnung	Anzahl Belege	Betrag in EUR
140000	Debitoren Inland I	816	10.358.194,42
141000	Debitoren Inland II	871	8.766.140,28
142000	Debitoren Ausland	112	14.605.840,73
143000	Debitoren Korrekturkonto	153	2.257.047,93
481116	Abschreibungen Sachanlagen	5	1.444.699,71
680500	Aufwand Gewährleistungen	509	101.780,20
683500	Porto	3	925,19

Tab. 4.13 Gegenkonto Umsatzerlöse

In **Tab. 4.13** sind „Abschreibungen Sachanlagen" und „Porto" voraussichtlich fehlerhaft. Diese Buchungen bzw. Belege sollten dann in die Stichprobe aufgenommen werden. In einer Detailauswertung lassen sich dann alle Belegzeilen der beiden genannten Gegenkonten ausgeben und prüfen.

Aus dem erweiterten Journal können ergänzend die Top 10 der Umsatzerlösbuchungen gefiltert werden. Hierbei ist zu berücksichtigen, dass im Journal die Belegzeilen ausgegeben sind und keine automatische Verdichtung auf Belegebene vorhanden ist. Zur Vorgehensweise wird ergänzend auf die Ausführungen zu **Tab. 3.6** verwiesen.

4.2.6 Hohe Auszahlungen bei Kassenkonten

Hohe Auszahlungen auf Kassenkonten bergen ein grundsätzliches Risiko. Auffälligkeiten sollten stets geprüft werden. „Warum wurde gebucht?", lautet die Kernfrage.

Nach einer Selektion des Journals auf die Haben-Salden der Kassenkonten kann eine weitere Filterung oder eine Gliederung nach der Buchungshöhe vorgenommen werden. Hieraus können in Abhängigkeit vom Mandanten Buchungen zur Prüfung ausgewählt werden. Eine Gliederung kann wie folgt aussehen:

Betrag	Anzahl	Prozent der Anzahl	Prozent des Betrags	Betrag in EUR
-5.000,00 bis -4.000,01	0	0,00%	0,00%	0,00
-4.000,00 bis -3.000,01	7	2,80%	10,25%	-25.748,89
-3.000,00 bis -2.000,01	31	12,40%	27,69%	-69.568,72
-2.000,00 bis -1.000,01	57	22,80%	32,78%	-82.365,11
-1.000,00 bis 0,00	155	62,00%	29,29%	-73.591,01
Summen	250	100,00%	100,00%	-251.273,73

Tab. 4.14 Kassenbuchungen

In **Tab. 4.14** wurden alle Kassenauszahlungen der Höhe nach gegliedert. Auffälligkeiten sind in diesem Fall keine ersichtlich. Mithilfe einer solchen Gliederung lassen sich Ausreißer zielgerichtet auswerten und prüfen.

4.2.7 Zeitnahes Erfassen und Buchen

Geschäftsvorfälle müssen zeitnah gebucht werden, d.h., zwischen dem einzelnen Vorgang und dessen Erfassung in der Finanzbuchhaltung muss ein enger zeitlicher Zusammenhang bestehen.[39] Ferner müssen die Geschäftsvorfälle laufend gebucht werden. Eine Sammlung und spätere gebündelte Erfassung verstoßen gegen die Grundsätze ordnungsmäßiger Buchführung (§§ 238 Abs. 1 und 239 Abs. 2 HGB).

---

[39] „Die Eintragungen in Büchern und die sonst erforderlichen Aufzeichnungen müssen vollständig, richtig, zeitgerecht und geordnet vorgenommen werden" (§ 239 Abs. 2 HGB).

Ziel dieser Abfrage nach dem zeitlichen Kontext, dem „Wann", ist es, das Buchungsverhalten hinsichtlich der Zeitgerechtheit zu analysieren. Die Zeitgerechtheit betrifft die Zuordnung der Geschäftsvorfälle zu Buchungsperioden (periodengerecht) sowie die Zeitnähe der Buchungen.[40] In Buchführungs- oder ERP-Systemen werden regelmäßig drei Zeitstempel erfasst.

Zeitstempel	Bedeutung
Erfassungsdatum	tatsächliches Datum (und Uhrzeit) der Erfassung durch einen Benutzer; wird systemseitig automatisch und unveränderlich vergeben
Belegdatum	wird manuell vom Benutzer vergeben und soll dem Datum des zu buchenden Belegs entsprechen (z.B. Rechnungsdatum der Lieferantenrechnung); es dient der Ermittlung der Fälligkeit der Rechnung
Buchungsdatum	dient der Zuordnung zur betroffenen Buchungsperiode; bei Lieferungen und Leistungen entspricht es dem Leistungsdatum und wird ebenfalls manuell vom Benutzer vergeben

Tab. 4.15 Zeitstempel in der Buchhaltung

Grundsätzlich ist zu erwarten, dass eine Leistung erfolgt ist (Buchungsdatum) bevor sie abgerechnet wird (Belegdatum) und anschließend erfasst wird (Erfassungsdatum). Regelmäßig liegt also das Buchungsdatum vor dem Belegdatum, und das Belegdatum liegt vor dem Erfassungsdatum (**s. Abb. 4.1**).

31.12.2023	05.01.2024	09.01.2024
Buchungsdatum	**Belegdatum**	**Erfassungsdatum**
Die Leistung wurde nachweislich im Dezember vollständig erbracht. Vereinfacht kann auf den Monatsletzten gebucht werden. Grundsätzlich entspricht das Buchungsdatum auch dem Leistungsdatum.	Die eigentliche Abrechnung über die erbrachten Leistungen erfolgen regelmäßig im Nachfolgemonat. Idealerweise noch vor dem Zehnten eines Monats.	Ob auf elektronischem Weg oder postalisch: Die Erfassung folgt regelmäßig nach dem Belegdatum und nach dem Buchungsdatum.

Abb. 4.4 Beispielhafte Darstellung der Zeitstempel

Abweichungen zu diesem Standardfall können Hinweise auf mangelnde Zeitnähe oder falsche Periodenzuordnung der Geschäftsvorfälle geben.

Für die Prüfung der Zeitnähe wird sinnvollerweise das Belegdatum dem Erfassungsdatum gegenübergestellt. Regelmäßig ist zu erwarten, dass jeder Beleg innerhalb weniger Werktage erfasst wird. Die Datumsdifferenzen

---

[40] IDW RS FAIT 1, Tz. 28.

können für eine bessere Auswertbarkeit und zur weitergehenden Analyse des grundlegenden Erfassungsverhaltens ergänzend in Tagen angegeben werden. Die Auswertung kann zudem auf bestimmte Konten selektiert werden. Die Selektionen werden jedoch immer vom einzelnen Mandanten und dessen Unternehmensaufbau bzw. dessen Abbildung der Organisation im Finanzbuchhaltungssystem abhängen.

Problematisch bei der Interpretation der Ergebnisse ist, dass das Belegdatum, also bspw. das Rechnungsdatum, nicht dem tatsächlichen Eingangsdatum im Unternehmen entspricht, sondern von dem Belegaussteller vorgegeben ist. Bei Papierrechnungen können, im Gegensatz zu elektronischen Rechnungen, ggf. noch Postlaufzeiten hinzukommen. Dennoch stellt die Differenz, möglichst noch ergänzend nach Zeiträumen gegliedert, einen Indikator für eine zeitnahe Erfassung dar.

> **Hinweis:**
> Das Erfassungsdatum oder auch CPU-Datum ist das Datum, zu dem der Beleg tatsächlich, also physisch, verbucht worden ist. Dieses Datum ist vom Erfasser/Buchenden grundsätzlich nicht änderbar.

Für die Prüfung, ob ein Geschäftsvorfall periodengerecht gebucht wurde, kann eine Auswertung der zeitlichen Differenzen zwischen dem Buchungsdatum und dem Belegdatum erfolgen. Es ist zu erwarten, dass Leistungen mindestens regelmäßig monatlich abgerechnet werden. Das hat zur Folge, dass zwischen dem Buchungsdatum und dem Belegdatum eine zeitliche Differenz von mehr als einem Monat als unüblich gesehen werden kann.

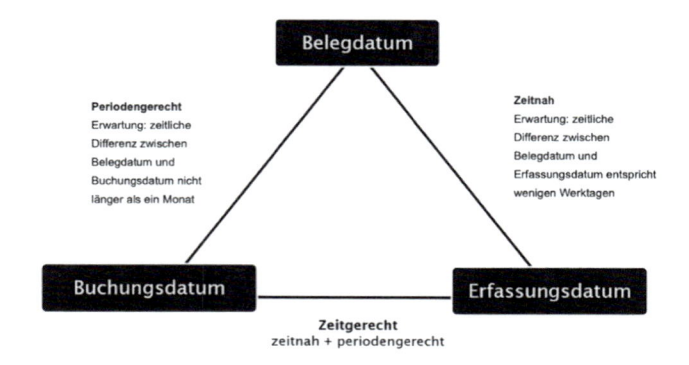

Abb. 4.5 Zeitgerechte Erfassung von Geschäftsvorfällen bedeutet periodengerecht und zeitnah

Folgende Felder werden für die Auswertungen benötigt:

- Beleg,
- Belegdatum,
- Buchungsdatum (nur hilfsweise und ergänzend),
- Erfassungsdatum,
- Buchungsperiode (nur hilfsweise),
- Erfasser,
- Betrag,
- Sachkonto (nur hilfsweise, wenn weitere Eingrenzungen vorgenommen werden sollen),
- Soll-Haben-Kennzeichen (wenn nicht das Betragsfeld bereits mit positiven/negativen Vorzeichen versehen worden ist),
- Belegsumme (nur hilfsweise, wenn Eingrenzungen über den Betrag vorgenommen werden sollen).
- In Microsoft Excel können Datumsfelder direkt voneinander abgezogen werden, um so die Differenz in Tagen auszugeben. In Power Query funktioniert dies über das Einfügen einer neuen Spalte (Menüpunkt: *Spalte hinzufügen – Benutzerdefinierte Spalte*).

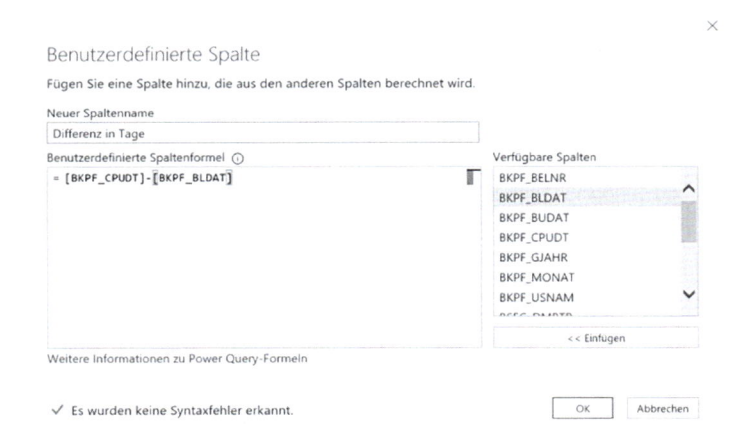

Abb. 4.6 Power Query, Neue Spalte mit Differenz in Tagen

Hinweis:
Um die Differenz in Tagen auszugeben, müssen die zugrunde liegenden Datenfelder im Datumformat formatiert sein. Andernfalls kommt es zu einer Fehlermeldung.

Tab. 4.16 gibt ein Beispiel für eine erste, zeitraumbezogene Übersicht. Als Differenz in Tagen wurde der zeitliche Abstand zwischen Beleg- und Erfassungsdatum ermittelt und wie folgt gegliedert[41]:

Differenz in Tagen	Anzahl der Belege	Prozent der Anzahl	Prozent des Betrags	Betrag in EUR
< 0	3.186	5,94%	0,52%	16.312.510,07
0–0	23.385	43,57%	59,13%	1.846.205.466,97
1–4	13.627	25,39%	29,35%	916.398.144,18
5–9	4.919	9,16%	6,98%	218.000.177,72
10–29	1.595	2,97%	0,72%	22.331.180,66
30–89	746	1,39%	1,72%	53.672.295,60
90–180	2.120	3,95%	0,72%	22.473.806,89
> 180	4.100	7,64%	0,85%	26.648.783,06
Summen	53.678	100%	100%	3.122.042.365,15

Tab. 4.16 Übersicht Differenz in Tagen zwischen Erfassungs- und Belegdatum

Von den ausgewerteten 53.678 Belegen wurden 3.186 bereits vor ihrem Belegdatum physisch in der Buchhaltung erfasst. Bei einer ordnungsgemäßen Datumsvergabe darf es solche Belege grundsätzlich nicht geben. Eine Erfassung am gleichen Tag (Belegdatum = Erfassungsdatum) kann insbesondere bei elektronischen oder elektronisch übermittelten Rechnungen eintreten. Aus der Übersicht wird erkennbar, dass kumuliert betrachtet rund 87% der Belege innerhalb von 30 Tagen gebucht worden sind. Auffällig ist hingegen, dass rund 3,9% der Belege nach mehr als 90 Tagen und 7,6% der Belege sogar erst nach mehr als 180 Tagen im System erfasst werden. Grund kann ein fehlerhaftes Belegdatum sein. Dies kann in Stichproben anhand eines Abgleichs „Belegdatum" zu „Datum des Eingangsstempels" nachvollzogen werden.

> **Praxistipp:**
> Das Erfassungsdatum eines Belegs kann grundsätzlich nicht vor dem Belegdatum liegen. Wenn das Erfassungsdatum vor dem Beleg- und oder Buchungsdatum liegt, könnte es sich um eine fehlerhafte Eingabe (Zahlendreher) handeln, der zu einem Fehler in der Rechnungslegung führen kann (z.B. nicht periodengerechte Buchung eines Geschäftsvorfalls).

---

[41] Die Rasterung kann bspw. über eine bedingte Spalte generiert werden, über die im Anschluss eine Gruppierung (Aufsummierung) vorgenommen wird.

Schwerwiegender wären Mängel im IKS. Ein Mangel im IKS kann u.a. daraus resultieren, dass die Belege nicht zentral bei der Finanzbuchhaltung zur (Vor-)Erfassung, sondern bspw. direkt im Einkauf eingehen (und nicht zeitnah weitergeleitet werden). Hieraus kann es zu systematischen Verzögerungen kommen. Folglich besteht ein erhöhtes Risiko, dass die Belege zum Abschlusszeitpunkt nicht vollständig gebucht sind, es demnach also zu einer fehlerhaften Periodenabgrenzung kommt. Ferner kann eine fehlerhafte zeitnahe Erfassung zu falschen Umsatzsteuervoranmeldungen und auch zu einer fehlerhaften Umsatzsteuerjahreserklärung führen.

Bei der Erzeugung der Auswertung ist zu beachten, dass in dem Journal die einzelnen Buchungszeilen pro Beleg enthalten sind (vgl. hierzu die Erläuterungen unter 2). Das bedeutet, dass für die Auswertung die Belege verdichtet bzw. summiert werden sollten. Anderenfalls enthält die Auswertung deutlich mehr Auffälligkeiten als tatsächlich vorhanden sind.

Beleg	Beleg-datum	Buchungs-datum	Erfassungs-datum	Betrag in EUR	Betrag in EUR (angepasst)	Diff. in Tagen
14002235	03.01.2023	18.10.2023	20.10.2023	89,84	89,84	290
14002235	03.01.2023	18.10.2023	20.10.2023	89,84	−89,84	290
1016434	04.01.2023	04.01.2023	04.07.2023	750.415,10	−750.415,10	181
1016434	04.01.2023	04.01.2023	04.07.2023	750.415,10	750.415,10	181
6029194	17.05.2023	14.11.2023	14.11.2023	872,00	−872,00	181
6029194	17.05.2023	14.11.2023	14.11.2023	695,00	695,00	181
6029194	17.05.2023	14.11.2023	14.11.2023	177,00	177,00	181
18014204	03.06.2022	03.10.2023	15.11.2023	558.946,70	558.946,70	530
18014204	03.06.2022	03.10.2023	15.11.2023	558.946,70	−558.946,70	530

Tab. 4.17 Einzelposten Differenz in Tagen zwischen Erfassungs- und Belegdatum

Aus **Tab. 4.17** ist ersichtlich, dass der einzelne Beleg mehrfach in der Auswertung vorhanden ist. Dies resultiert aus der nicht erfolgten Verdichtung über das Belegfeld. Bei einer Verdichtung über das Belegfeld würden in der obigen Tabelle nur vier auffällige Zeilen (Belege) ausgegeben, die Einzelinformationen pro Belegzeile wären dann jedoch nicht mehr verfügbar. Letztendlich ist abzuwägen, welcher Detaillierungsgrad in dem jeweiligen Einzelfall erforderlich ist. Bei einer über das Belegfeld verdichteten Darstellung hat es sich bewährt, das Betragsfeld über das Kriterium „Beleg" zu summieren. Vorteil ist, dass eine bessere Risikoeinschätzung und eine zielgerichtete Stichprobenauswahl anhand des Betrags vorgenommen werden können. Bei einer Summierung sollte bei einem typischen Journal mit Soll-Haben-Kennzeichen nicht das angepasste Feld „Betrag",[42] sondern das Ursprungsdatenfeld „Betrag" verwendet werden. Anderenfalls wäre die Summe pro Beleg immer null, da die Summe der Soll-Salden eines Belegs der Summe der Haben-Salden eines Belegs entsprechen muss. Da bei einer Verwendung des Datenfelds „Betrag (angepasst)" eine Summe über alle Soll- und Haben-Salden pro Beleg erzeugt wird, muss dieser Betrag für eine Risikoabschätzung durch zwei dividiert werden.

Abschlussbuchungen führen regelmäßig zu einer hohen Differenz in Tagen zwischen Beleg- und Erfassungsdatum und erscheinen daher regelmäßig als auffällig in den Ergebnissen. Als Beleg- und auch als Buchungsdatum wird im Regelfall der 31.12. verwendet. Die Erfassung erfolgt naturgemäß erst im Rahmen der Abschlussarbeiten, also mit einer gewissen zeitlichen Verzögerung. Um diese Problematik zu umgehen, sollte die Buchungsperiode ergänzend in die Auswertung mit einbezogen werden. Damit können alle Belege aus den Abschlussbuchungsperioden 13–16 herausgefiltert werden. Alternativ ist es denkbar, alle Belege mit Buchungsdatum 31.12. zu eliminieren. In der praktischen Umsetzung werden beide Alternativen über ergänzende Filterbedingungen gelöst.

Zur Verdeutlichung der durchschnittlichen Zeitdauern pro Erfasser können diese ergänzend ermittelt werden. Die Abschlussbuchungen auf den 31.12. bzw. die Buchungsperioden 13–16 sollten dabei unberücksichtigt bleiben. In dem Buchungsjournal sind die einzelnen Belegzeilen ausgewiesen. Daher ist im Vorfeld eine Summierung über das Feld „Beleg" erforderlich. Die Datumsfelder „Belegdatum", „Erfassungsdatum" sowie deren „Differenz in Tagen" werden dann nur ergänzend mitgegeben. In einem zweiten Schritt erfolgt die Summierung über das Kriterium „Benutzer". Hierbei wird die Summe für das Feld „Differenz in Tagen" gebildet. Die Division durch die Anzahl ergibt letztendlich den gewünschten Durchschnitt.

Erfasser	Durchschnittliche Erfassungszeit	Betrag in EUR
AB	0	4.130.403,20
BB	4	1.007.649.399,74
GS	-1	110.855.211,18
JJ	4	1.691.849.912,90
NH	3	27.139.344,31
PR	1	4.508.130,59

---

[42] Darstellung der Soll-Salden mit positiven und der Haben-Salden mit negativen Vorzeichen.

Erfasser	Durchschnittliche Erfassungszeit	Betrag in EUR
PS	7	26.769.472,80
SS	3	33.908,84
YY	8	209.228.112,29
Summe		3.082.163.895,85

Tab. 4.18 Durchschnittliche Erfassungszeit pro Erfasser

Hieraus wird ersichtlich, dass die durchschnittliche Erfassungszeit, trotz der Einzelfälle mit deutlich mehr als zehn Tagen, bei einer Durchschnittsbetrachtung zeitnah erfolgt. Die Abschlussperioden 13–16 wurden nicht berücksichtigt. Die Übersicht in **Tab. 4.18** dient jedoch lediglich als ergänzende Information über den grundsätzlichen Ablauf im zu prüfenden Unternehmen. Auffällig ist hier, dass der Erfasser GS über alle Erfassungen negativ ist. Dies bedeutet, dass dieser Erfasser eine Vielzahl von Belegen gebucht hat, deren Erfassungsdatum deutlich vor dem Belegdatum liegt.

Ergänzend kann neben der Analyse der Differenz zwischen Beleg- und Erfassungsdatum eine Auswertung der Differenz in Tagen zwischen Buchungs- und Erfassungsdatum erstellt werden. Hieraus lassen sich ebenfalls Rückschlüsse auf das Buchungsverhalten ziehen.

Differenz in Tagen	Anzahl der Belege	Prozent der Anzahl	Prozent des Betrags	Betrag in EUR
< 0	2.528	4,71%	0,38%	12.019.425,95
0–0	22.127	41,22%	5,76%	179.731.091,99
1–4	15.475	28,83%	83,03%	2.592.286.523,21
5–9	4.571	8,52%	6,77%	211.251.178,82
10–29	1.433	2,67%	0,76%	23.630.563,18
30–89	702	1,31%	1,72%	53.741.648,15
90–180	1.992	3,71%	0,57%	17.838.170,09
> 180	4.850	9,04%	1,01%	31.543.763,76
Summen	53.678	100%	100%	3.122.042.365,15

Tab. 4.19 Übersicht Differenz in Tagen zwischen Erfassungs- und Buchungsdatum

Auch hieraus wird deutlich, dass die zeitnahe Erfassung nicht sichergestellt ist. Es ist eine Vielzahl von Belegen vorhanden, deren Buchungsdatum deutlich vom Erfassungsdatum abweicht, d.h. Belege, die buchhalterisch (physisch) bspw. im Juli vom Benutzer erfasst wurden, letztendlich aber im Januar als gebucht erscheinen (rückwirkend).

Daraus können ebenfalls Rückschlüsse auf die Wirksamkeit des IKS beim Öffnen und Schließen von Buchungsperioden gezogen werden. Die Buchungsperiode steuert grundsätzlich die Zuordnung einer Buchung zu den jeweiligen Monaten. Bei einer (üblichen) monatlichen Unterteilung sind somit zwölf Buchungsperioden vorhanden, die – je nach System – um vier weitere Sonderperioden für Abschlussarbeiten ergänzt werden (in Summe sind dann 16 Buchungsperioden vorhanden). Nach Fertigstellung des jeweiligen Monatsabschlusses sollte die entsprechende Buchungsperiode geschlossen werden. So wird vermieden, dass Buchungen nach dem monatlichen Buchungsschluss noch in diesem Monat erfasst werden können. Da nach Buchungsschluss die Umsatzsteuervoranmeldung erstellt wird, käme es im Falle einer nachträglichen Buchung (nach Erstellung der monatlichen Umsatzsteuervoranmeldung) zu Abweichungen. Dies wiederum führt auch zu Abweichungen bei der Summe der einzelnen (monatlichen) Umsatzsteuervoranmeldungen zur Jahreserklärung. Bedeutsame Abweichungen zwischen Buchungs- und Erfassungsdatum sollten daher überprüft und mit dem Mandanten besprochen werden.

Die Einzelauswertung (Auszug) der Belege mit einer Differenz in Tagen von mehr als 180 Tagen zwischen Buchungs- und Erfassungsdatum ergibt bspw. folgendes Bild:

Beleg	Beleg-datum	Buchungs-datum	Erfassungs-datum	Betrag in EUR	Betrag in EUR (angepasst)	Diff. in Tagen
1016434	04.01.2024	04.01.2024	04.07.2023	750.415,10	−750.415,10	181
1016434	04.01.2024	04.01.2024	04.07.2023	750.415,10	750.415,10	181
18016625	21.12.2023	21.12.2023	08.09.2022	184.051,91	−184.051,91	261
18016625	21.12.2023	21.12.2023	08.09.2022	184.051,91	184.051,91	261
18016626	21.12.2023	21.12.2023	11.09.2022	184.051,91	184.051,91	264
18016626	21.12.2023	21.12.2023	11.09.2022	184.051,91	−184.051,91	264
18016255	03.01.2024	03.01.2024	17.07.2022	1.526,14	1.526,14	195
18016255	03.01.2024	03.01.2024	17.07.2022	219,00	219,00	195
18016255	03.01.2024	03.01.2024	17.07.2022	144,17	144,17	195
10000090	19.08.2022	21.01.2024	19.08.2022	21.607,50	−21.607,50	575
10000090	19.08.2022	21.01.2024	19.08.2022	21.607,50	21.607,50	575

Tab. 4.20 Einzelposten Differenz in Tagen zwischen Erfassungs- und Buchungsdatum

Der Beleg 10000090 weist eine Differenz zwischen Buchungs- und Erfassungsdatum von 575 Tagen auf. Hierbei handelt es sich zwar um eine Ausnahme[43], allein mit Stichproben sind solche Einzelfälle jedoch nur schwer zu entdecken.

Zur besseren Übersichtlichkeit sollten die einzelnen Belegzeilen auf den Beleg verdichtet werden. Mehrinformationen können durch die Belegzeilen bei dieser Auswertung nicht gewonnen werden, da auf Ebene der Belegzeilen ergänzend nur Sachkonto und Buchungstext verfügbar sind.

Ferner lässt sich zur Abrundung eine Übersicht der Differenz in Tagen zwischen Beleg- und Buchungsdatum ermitteln. Bedeutsame ergänzende Erkenntnisse lassen sich hieraus jedoch nicht mehr ableiten.

Differenz in Tagen	Anzahl der Belege	Prozent der Anzahl	Prozent des Betrags	Betrag in EUR
< 0	2.718	5,06%	1,35%	42.242.090,70
0–0	46.074	85,83%	43,99%	1.373.264.143,21
1–4	3.236	6,03%	54,25%	1.693.718.073,15
5–9	173	0,32%	0,03%	961.997,69
10–29	637	1,19%	0,18%	5.621.347,60
30–89	60	0,11%	0%	24.047,40
90–180	20	0,04%	0%	1.000,00
> 180	760	1,42%	0,20%	6.209.665,40
Summen	53.678	100%	100%	3.122.042.365,15

Tab. 4.21 Übersicht Differenz in Tagen zwischen Beleg- und Buchungsdatum

4.2.8 Buchungen an Wochenenden und Feiertagen

Buchungen an Wochenenden oder Feiertagen sind nicht per se ungewöhnlich. Diese, i.d.R. buchungsärmere Zeit, wird u.a. für Auswertungen und automatisierte Verbuchungen genutzt. Dies bedeutet, dass eine Selektion der Ergebnisse auf manuelle Benutzer sinnvoll ist. Zudem sind bei vorhandenen Niederlassungen oder Betriebsstätten bundeslandabhängige Feiertage zu berücksichtigen. Sofern ausländische Tochtergesellschaften ebenfalls im Journal enthalten sind, sind diese entweder herauszufiltern oder, im Falle einer gewünschten Mitauswertung, deren besondere Feiertage bzw. Arbeitszeiten zu beachten.

---

[43] Bei den hier verwendeten Daten handelt es sich um anonymisierte Echtdaten.

Ziel dieser Abfrage ist es, Buchungen zu ungewöhnlichen Tagen aufzudecken, also die Frage nach dem „Wann wurde gebucht?". Dazu kann bei den im Journal vorhandenen Datenfeldern nur das Erfassungsdatum herangezogen werden. Sowohl Beleg- als auch Buchungsdatum sind ungeeignet. Das Belegdatum wird vom Belegerstellenden vorgegeben, das Buchungsdatum vom im System erfassenden Benutzer. Lediglich das Erfassungsdatum kann der Benutzer nicht beeinflussen. Dieses wird systemseitig zu dem Zeitpunkt vergeben, zu dem die Buchung physisch im System erfolgt.

Folgende Felder werden für die Auswertung benötigt:

- Beleg,
- Belegdatum,
- Buchungsdatum (nur ergänzend),
- Erfassungsdatum,
- Erfasser,
- Betrag,
- Sachkonto (nur hilfsweise, wenn weitere Eingrenzungen vorgenommen werden sollen),
- Soll-Haben-Kennzeichen (wenn nicht das Betragsfeld bereits mit positiven/negativen Vorzeichen versehen worden ist),
- Belegsumme (nur hilfsweise, wenn Eingrenzungen über den Betrag vorgenommen werden sollen).

Zur Ermittlung des jeweiligen Wochentags können Funktionen verwendet werden. In Microsoft Excel wandelt die Funktion *TEXT* ein Datumsfeld in den entsprechenden Wochentag um.[44] Vergleichbare Funktionen sind in ACL/IDEA ebenfalls vorhanden.[45]

Um einen Überblick über die Häufigkeit von Buchungen an Wochenenden zu gewinnen, sollten die Ergebnisse zunächst gruppiert werden:

Erfassungstag	Anzahl der Belege	Prozent der Anzahl	Prozent des Betrags	Betrag in EUR
Sonntag	890	1,66%	0,44%	13.593.247,10
Montag	10.953	20,41%	7,31%	228.273.551,06
Dienstag	7.183	13,38%	4,47%	139.622.326,38

---

[44] Bspw. wird unter Verwendung von *TEXT* („10.08.2023"; „TTTT") als Ergebnis Donnerstag ausgegeben. Dabei kann das Datum „10.08.2023" durch einen Zeilenverweis ersetzt werden.
[45] Bspw. wird in ACL für diese Zwecke die Funktion *DOW* genutzt.

Erfassungs-tag	Anzahl der Belege	Prozent der Anzahl	Prozent des Betrags	Betrag in EUR
Mittwoch	13.725	25,57%	8,75%	273.070.456,38
Donnerstag	9.960	18,56%	16,64%	519.421.291,82
Freitag	10.464	19,49%	62,30%	1.944.924.228,16
Samstag	503	0,94%	0,10%	3.137.264,25
Summen	53.678	100%	100%	3.122.042.365,15

Tab. 4.22 Übersicht Wochentag der Erfassung

Das Ergebnis zeigt, dass 1.393 Belege an einem Samstag bzw. Sonntag erfasst worden sind. In einem zweiten Schritt ist es sinnvoll, diese Belege herauszufiltern und getrennt zu betrachten. Spätestens an dieser Stelle ist eine ergänzende Selektion oder auch Verdichtung auf Benutzer zielführend.

Aus den vorliegenden Daten, gefiltert nach Buchungen an Samstagen oder Sonntagen, ergibt sich folgende Auswertung:

Erfasser	Anzahl der Belege	Prozent der Anzahl	Prozent des Betrags	Betrag in EUR
BB	1.353	97,13%	65,59%	10.972.759,35
PS	40	2,87%	34,41%	5.757.752,00
Summen	1.393	100%	100%	16.730.511,35

Tab. 4.23 Erfasser, die am Wochenende gebucht haben

Erkennbar wird, dass eine zielgerichtete Selektion vorteilhaft ist. In diesem Fall bleiben die beiden Erfasser BB und PS übrig. Hier kann geprüft werden, ob die Erfassungen dem Grunde nach plausibel oder ob Belege in Stichproben zu prüfen sind. Sofern Automatik oder maschinelle Benutzer in der Liste auftauchen, können diese i.d.R. zügig, dem Grunde nach geprüft und herausgefiltert werden.

Für Buchungserfassungen an Feiertagen kann analog vorgegangen werden.

4.2.9 Doppelte Buchungen

Prüfungsziel ist es, doppelte Buchungen aufzuzeigen, also die Frage zu beantworten: „*Wie* wurde gebucht?" Doppelerfassungen können sowohl im Hauptbuch als auch in den Nebenbüchern (Debitoren und Kreditoren) erfolgen. Im Bereich der Kreditoren resultieren Doppelerfassungen oftmals aus der Erfassung der Original- und der nochmaligen Erfassung einer angefertigten Kopie. Auch werden in einzelnen Unternehmen Eingangsrechnungen, die elektronisch eingegangen sind, oftmals ergänzend für die Rechnungsprüfung ausgedruckt. Dies begünstigt das Risiko einer Doppelerfassung auf Kreditorenebene.

Zur Ermittlung von doppelten Buchungen auf Sachkontenebene werden folgende Felder benötigt:

- Beleg,
- Belegdatum,
- Buchungsdatum,
- Erfassungsdatum (nur hilfsweise),
- Erfasser (nur hilfsweise),
- Buchungsperiode,
- Betrag,
- Sachkonto,
- Buchungstext,
- Zuordnung (ggf. als Ergänzung zum Buchungstext),
- Soll-Haben-Kennzeichen (wenn nicht das Betragsfeld bereits mit positiven/negativen Vorzeichen versehen worden ist),
- Belegsumme (nur hilfsweise, wenn Eingrenzungen über den Betrag vorgenommen werden sollen).

Als Kriterium zur Identifizierung doppelter Buchungen kann die identische Kombination aus Sachkonto, Buchungsbetrag und Belegnummer dienen.

Konto	Beleg	Betrag in EUR	Belegdatum	Text
221000	18013430	3.002,58	18.08.2023	Transportkosten B. 28585
221000	17013471	1.328,20	18.02.2023	Transportkosten CW-Stahl
221000	17819135	2.031,77	27.05.2023	Transportkosten DR 28277
221000	18611137	931,48	17.11.2023	Transportkosten AA 28578

Tab. 4.24 Doppelte Buchungen

Zur Kenntlichmachung von doppelten Erfassungen, die mit unterschiedlichen Belegnummern gebucht worden sind, darf die Prüfkombination nur aus Sachkonto und Buchungsbetrag bestehen. Hierbei ist zu beachten, dass bspw. monatlich wiederkehrende Leasingraten den gleichen Betrag aufweisen. Zur weiteren Eingrenzung kann daher die Prüfkombination um die Buchungsperiode erweitert werden. Das heißt, es werden nur Belege ausgegeben, die mit dem gleichen Betrag in der gleichen Periode, aber mit unterschiedlichen Belegnummern gebucht worden sind.

Zur Umsetzung in Microsoft Excel kann die Funktion *Verketten* eingesetzt werden. Unter Verwendung dieser Funktion können Textfelder miteinander verbunden werden. Zur Verbesserung der Lesbarkeit können Trenner genutzt werden.[46] Zur Ansicht der doppelten Werte kann die so erzeugte Spalte bedingt formatiert werden (*Bedingte Formatierung – Regeln zum Hervorheben von Zellen – Doppelte Werte*). Durch Filtern der Spalte nach Farbe können nun nur die doppelten Werte angezeigt werden.

> **Praxistipp:**
> Zahlendreher können anhand der Quersumme aufgezeigt werden. Die Quersumme von 87 ist 15 und entspricht der Quersumme von 78.

Um Zahlendreher in Buchungen sichtbar zu machen, kann ergänzend die Quersumme das Kombinationskriterium *Betrag* ersetzen. Die Quersumme von 10.029,64 beträgt 1+0+0+2+9+6+4 = 22. Die Quersumme von 10.092,64 ist ebenfalls 22. Mit den vorhandenen Daten ergibt sich folgende Darstellung:

Konto	Beleg	Betrag in EUR	Belegdatum	Text
221000	18001656	10.029,64	25.08.2023	SHAPE RV Nachber.NL
221000	18001719	10.092,64	25.08.2023	SHAPE RV Nachber.NL

Tab. 4.25 Doppelte Buchungen, Quersumme

Bei der Verwendung der Quersumme können immer Belege aus potenzieller Doppelerfassung ausgegeben werden, bei denen der Betrag nur zufällig die gleiche Quersumme besitzt. Letztendlich wird es immer von den Gegebenheiten beim jeweiligen Mandanten abhängen, inwieweit mögliche Doppelbuchungen analysiert werden.

Bei vorliegenden Debitoren- und Kreditoreneinzelposten des zu prüfenden Geschäftsjahres können die genannten Prüfungsschritte analog auf diese angewendet werden. Eine Offene- Posten-Liste der Debitoren bzw. Kreditoren allein ist für diese Analyse nicht ausreichend. Zur Identifizierung potenzieller Doppelerfassungen muss immer eine vollständige Liste der Buchungen des zu prüfenden Zeitraums vorliegen.

---

[46] Formelbeispiel: *=verketten(Sachkonto;" - ";Betrag)*

4.2.10 Gerundete Ziffern vor dem Komma

Einträge im Journal mit runden Zahlen oder Endziffern können ein Anhaltspunkt für Manipulationen sein, also lautet die Frage: „Was wurde warum gebucht?"

Zur Ermittlung werden folgende Felder benötigt:

- Beleg,
- Belegdatum,
- Buchungsdatum,
- Erfassungsdatum (nur hilfsweise),
- Erfasser (nur hilfsweise),
- Buchungsperiode (nur hilfsweise),
- Betrag,
- Sachkonto,
- Buchungstext,
- Zuordnung (ggf. als Ergänzung zum Buchungstext),
- Soll-Haben-Kennzeichen (wenn nicht das Betragsfeld bereits mit positiven/negativen Vorzeichen versehen worden ist).

Gerundete Ziffern vor dem Komma bestehen aus der Kombination „000". Diese lassen sich unter Verwendung von Funktionen zielgerichtet auswerten. Aus der Zahl 12.345.000,88 wird in Microsoft Excel unter Nutzung der Funktion *SUCHEN* oder *FINDEN* die Stelle 6 als Beginn der Zeichenfolge „000" ausgegeben. Sofern die Zeichenfolge „000" in einer Zeile nicht vorhanden ist, wird 0 oder ggf. #WERT ausgegeben.[47]

Betrag in EUR	Ergebnis[10]
123.456,00	0 oder #Wert
123.000,99	4
125.781,00	0 oder #Wert
1.000,00	2

Tab. 4.26 Gerundete Ziffern vor dem Komma, Ergebnisdarstellung, Datensatzauszug

In einem Folgeschritt kann nun die Ergebnisspalte nach allen Werten ungleich 0 bzw. #WERT gefiltert werden. In **Tab. 4.26** ist der Datensatz zur Verdeutlichung nur verkürzt wiedergegeben. In der Praxis sollte der Datensatz die vorgeschlagenen Felder enthalten.

---

[47] Ergebnis der Funktion *SUCHEN* („000";Betrag) oder *FINDEN* („000";Betrag) unter Verwendung von Microsoft Excel.

Bei Einsatz von ACL kann die Funktion *FINDEN* verwendet werden. Im Vorfeld muss dafür jedoch die Zahlenfolge von einem nummerischen Datenfeld in ein alphanummerisches Datenfeld umgewandelt werden. Hierfür kann in ACL die Funktion *STRING*[48] eingesetzt werden. Als Ergebnis werden dann hier auch alle Zeilen mit der entsprechenden Zahlenkombination „000" herausgefiltert.

Weiterführend können Benford's Law[49] oder der Chi-Quadrat-Test[50] eingesetzt werden; auf die Ausführungen in Kapitel 5 wird verwiesen.

4.2.11 Belegnummernlückenanalyse

Belegnummern dürfen nicht mehrfach in der Finanzbuchhaltung erfasst sein. Darüber hinaus muss die vollständige und lückenlose Erfassung der Geschäftsvorfälle sichergestellt sein. Es dürfen somit auch keine nicht erklärbaren Lücken von Belegnummern im System vorhanden sein. Kernfrage ist somit: *„Wie* wurde gebucht?"

Zur Durchführung einer Lückenanalyse werden folgende Felder benötigt:

- Beleg,
- Belegdatum,
- Buchungsdatum,
- Erfassungsdatum (nur hilfsweise),
- Erfasser (nur hilfsweise),
- Betrag,
- Sachkonto,
- Buchungstext,
- Zuordnung (ggf. als Ergänzung zum Buchungstext),
- Soll-Haben-Kennzeichen (wenn nicht das Betragsfeld bereits mit positiven/negativen Vorzeichen versehen worden ist).

Die Umsetzung der Lückenanalyse kann bspw. in ACL durch Verwendung des Menüs *Analyse – Lücken* erfolgen. Bei Verwendung von Microsoft Excel kann dies entweder über eine bedingte Formatierung (es werden diejenigen

---

[48] *STRING* wandelt ein nummerisches Datenfeld in ein alphanummerisches Datenfeld um (in ein Textfeld). Bspw. ergibt *STRING* („123.456,00"; 12) das Textfeld „ 123.456,00". Die Zahl 12 in der Funktion *STRING* gibt die Länge des Textfelds an.
[49] Benford's Law beschreibt eine Gesetzmäßigkeit in der Verteilung der Ziffernstrukturen von Zahlen in empirischen Datensätzen, z.B. ihrer ersten Ziffern.
[50] Der Chi-Quadrat-Test ist ein statistisches Testverfahren zur Prüfung einer Hypothese über die Verteilung eines Merkmals, z.B. der letzten beiden Ziffern.

Zellen farbig markiert, bei denen der vorherige Wert nicht um 1 erhöht ist) oder auch eine Array-Formel verwendet werden.[51]

Die Auswertung kann analog für Rechnungsnummern durchgeführt werden. Auch diese müssen lückenlos im System vorhanden sein bzw. vorhandene Lücken müssen entsprechend dokumentiert sein.

Ein erweiterter Anwendungsbereich für eine Lückenanalyse kann die Prüfung auf das Vorliegen von fortlaufenden Rechnungsnummern sein. Fortlaufende Rechnungsnummern können, sofern sie automatisch bzw. systemseitig vergeben werden, über das o.g. Verfahren schnell ausgewertet werden. Sofern die Rechnungsnummern manuell vergeben werden, kann bspw. folgendes Problem auftauchen:

Benutzer A schreibt 20241, 20242, 20243 etc., Benutzer B hingegen verwendet die Systematik 2024-4, 2024-5 etc.

Um diese Daten auf Lücken auswerten zu können, müssen die Rechnungsnummern harmonisiert werden. Dies kann über Funktionen erfolgen. In ACL würde hierfür die Funktion *REMOVE*[52] verwendet werden. Bei Einsatz von Microsoft Excel kann entweder *SUCHEN* und *ERSETZEN*[53] oder die Funktionen *WECHSELN* oder *GLÄTTEN* eingesetzt werden.

Die um die „–" bereinigten Datenfelder können nun mittels der o.g. Lückenanalyse auf entsprechende Lücken und/oder Lückenbereiche analysiert werden.

4.2.12 Buchungen über Schnittstellen

Buchungen können direkt von einer Person im System erfasst werden, aber auch automatisiert über Schnittstellen gebucht werden. Schnittstellenbuchungen können dabei ergänzend bereits Summierungen oder Verdichtungen aufweisen. Beispielsweise können Umsatzerlöse oder die Lohnabrechnungen in einem Vorsystem erfasst sein. Sofern Umsatzerlöse in einem Vorsystem erfasst und dann verdichtet im Hauptbuch gebucht werden, sollten auf diesen Hauptbuchkonten keine manuellen Buchungen mehr

---

[51] Als bedingte Formatierung kann bspw. als Formel zur Ermittlung der zu formatierenden Zellen A2 <> A1 + 1 verwendet werden. Sofern auch die Lückenbereiche angezeigt werden sollen, kann z.B. eine Array Formel eingesetzt werden: {=KKLEINSTE(WENN(ZÄHLENWENN($A$2:$A$31;ZEILE($100:$133))=0;ZEILE($100:$133));ZEILE(A2)-1)}.
[52] Mittels der Funktion *REMOVE* werden gültige Zeichen vorgegeben und alle anderen Zeichen eliminiert, bspw. *REMOVE*("2024-4";"1234567890") gibt als Ergebnis 20244 aus.
[53] *SUCHEN nach* "–" und *ERSETZEN durch* "..." löscht im Ergebnis alle "–".

erfolgen oder zumindest wären diese prüfungsrelevant (vgl. auch die Ausführungen unter 4.2.1 und 4.2.2). Bei der Prüfung von Schnittstellen stellt sich somit die Frage: „*Woher* kommt der Geschäftsvorfall?"

Sofern die Buchungen im Vorsystem bereits verdichtet sind (bspw. nur noch Tages- oder Monatssummenwerte pro Konto), können diese im Hauptbuch nicht mehr zielgerichtet ausgewertet werden. Hier ist eine Analyse der Buchungssätze in dem jeweiligen Vorsystem erforderlich. Daher ist es empfehlenswert, in diesem Fall auch die entsprechenden Daten aus dem Vorsystem ergänzend zu prüfen.

> **Hinweis:**
> Sofern im Hauptbuch nur verdichtete Daten erfasst werden, bspw. auf das jeweilige Hauptbuchkonto verdichtete Tages- oder Monatssalden, sollten im Rahmen von Journal Entry Tests auch die Daten aus dem Vorsystem vom Mandanten angefordert werden. Mit diesen Daten kann dann gleichzeitig die Ordnungsmäßigkeit der Schnittstelle geprüft werden.

Zur Durchführung einer (vereinfachten) Schnittstellenprüfung werden neben den Daten aus dem Nebenbuch im Regelfall die folgenden Felder aus dem Hauptbuch benötigt:

- Beleg,
- Belegdatum,
- Buchungsdatum,
- Erfassungsdatum (nur hilfsweise),
- Erfasser (nur hilfsweise),
- Betrag,
- Sachkonto,
- Buchungstext (nur hilfsweise),
- Zuordnung (ggf. als Ergänzung zum Buchungstext),
- Soll-Haben-Kennzeichen (wenn nicht das Betragsfeld bereits mit positiven/negativen Vorzeichen versehen worden ist).

Die Belegzeile des Vorsystems kann wie folgt aussehen:

Beleg	Belegdatum	Buchungs-datum	Erfasser	Betrag in EUR	Sach-konto
5001001	20.07.2023	20.07.2023	YY	1.245,22	511500
5001002	20.07.2023	20.07.2023	YY	1.275,69	511500

Beleg	Belegdatum	Buchungs-datum	Erfasser	Betrag in EUR	Sach-konto
5001003	20.07.2023	20.07.2023	YY	845,22	511500
5001004	20.07.2023	20.07.2023	CW	105,91	511500
5001005	20.07.2023	20.07.2023	YY	154,00	511501
5001006	20.07.2023	20.07.2023	YY	1.578,20	511501
5001007	20.07.2023	20.07.2023	YY	13.127,50	511501
5001008	20.07.2023	20.07.2023	CW	120,50	511502
5001009	20.07.2023	20.07.2023	CW	254,99	511502

Tab. 4.27 Schnittstelle, Datenaufbau Vorsystem, Einzelposten

Automatisiert ins Hauptbuch übertragen werden (nur) die jeweiligen Summen (hier verkürzt dargestellt):

Sachkonto	Betrag in EUR	Erfasser
511500	3.472,04	AT
511501	14.859,70	AT
511502	375,49	AT

Tab. 4.28 Schnittstelle, Übertragung der summierten Belege im Hauptbuch

Auf Ebene des Hauptbuchs können somit die Daten, bspw. nach dem Erfasser, nicht mehr ausgewertet werden, da auf der Ebene des Hauptbuchs nur noch der automatische Erfasser „AT" erscheint, nicht aber die Person, die den Beleg auf Ebene des Vorsystems gebucht hat. Diese Auswertung muss somit auf Ebene des Vorsystems vorgenommen werden. Die Auswertungen bzw. Journal Entry Tests im weiteren Sinne können analog den hier dargestellten Auswertungen für das Hauptbuch vorgenommen werden. Die sieben W-Fragen geben auch im Nebenbuch Hinweise auf zu prüfende Sachverhalte.

Bei Vorlage der Daten aus dem Vorsystem kann neben der Auswertung des dann vorliegenden Buchungsstoffs gleichzeitig eine Schnittstellenprüfung vorgenommen werden. Im Rahmen der Prüfung der Schnittstelle erfolgt ein Abgleich zwischen den Daten des Vorsystems und denen des Hauptbuchs. Es wird demnach eine Prüfung vorgenommen, ob tatsächlich alle Daten aus dem Vorsystem auch im Hauptbuch erfasst worden sind.

Zu diesem Zweck werden die Einzelposten des Vorsystems auf Ebene des Hauptbuchkontos verdichtet. Die Verdichtung erfolgt analog der Handhabung der Schnittstelle, also pro Hauptbuchkonto. In ACL kann hierfür der

Menüpunkt *Analyse – Summenstruktur*, bei Einsatz von Microsoft Excel kann die Funktion *SUMMEWENN* und in Power Query *Start – Gruppieren nach* verwendet werden. Die so gebildete Verdichtung der Einzelposten auf Hauptbuchkontoebene entspricht dann der Darstellung in **Tab. 4.28**.

Aus dem Buchungsjournal (Hauptbuch) können im nächsten Schritt die entsprechenden Sachkonten selektiert und ebenfalls auf Ebene des Sachkontos aufsummiert werden.

Sachkonto	Betrag in EUR	Erfasser
511500	3.472,04	AT
511501	14.859,70	AT
511502	375,50	AT

Tab. 4.29 Schnittstelle, Summe pro Sachkonto auf Ebene des Journals

Im Idealfall stimmen die Summen aus der Verdichtung auf Ebene des Nebenbuchs (**vgl. Tab. 4.28**) mit den Summen aus der Verdichtung auf Ebene des Hauptbuchs (**vgl. Tab. 4.29**) überein.

Nebenbuch			Hauptbuch (Journal)			Abweichung
Sach-konto	Betrag in EUR	Erfasser	Sach-konto	Betrag in EUR	Erfasser	In EUR
511500	3.472,04	AT	511500	3.472,04	AT	0,00
511501	14.859,70	AT	511501	14.859,70	AT	0,00
511502	375,49	AT	511502	375,50	AT	0,01

Tab. 4.30 Schnittstelle, Gegenüberstellung Neben-/Hauptbuch

Die Gegenüberstellung kann bei einer größeren Anzahl von Datensätzen automatisch erfolgen. Bei Verwendung von ACL erfolgt dies über den Menüpunkt *Daten – Zusammenführen*[54], im Falle von Microsoft Excel ist der Einsatz der Funktion *SVERWEIS*[55] oder *XVERWEIS* denkbar. Besser als in Microsoft Excel lassen sich Dateien in Power Query kombinieren. Hier kann der bereits erläuterte Menüpunkt *Start – Abfragen zusammenführen*[56] genutzt werden.

---

[54] Primär- und Sekundärschlüssel wären in diesem Fall jeweils das Sachkonto.
[55] Bei *SVERWEIS* ist zu beachten, dass ggf. fehlende Konten in der Referenztabelle (hier das Hauptbuch) nicht ausgegeben werden. D.h. wenn im Nebenbuch Sachkonten nicht ins Hauptbuch übertragen werden, würden diese nicht angezeigt. Daher sollte zur Sicherstellung der Vollständigkeit der Übernahme der *SVERWEIS* in beide Richtungen eingesetzt werden.
[56] Vgl. Kapitel 3.4 Datenvalidierung.

Abweichungen zwischen dem Vorsystem (Nebenbuch) und dem Hauptbuch (Journal) können so auf Basis der tatsächlich gebuchten Salden geprüft werden. Abweichungen sind entsprechend zu prüfen.

4.2.13 Buchungen zum Abschlussstichtag

ISA 240[57] nennt als Merkmale manipulierter Journaleinträge oder anderer Anpassungen u.a. Einträge, die zum Ende des Geschäftsjahres oder als nachträgliche Abschlussbuchungen aufgezeichnet worden sind. Ziel ist es, diese Buchungen herauszufiltern, um diese ggf. manuell prüfen und analysieren zu können. Die Kernfrage lautet demnach: „Was wurde gebucht?"

Folgende Felder werden für die Auswertung benötigt:

- Beleg,
- Belegdatum (nur hilfsweise),
- Buchungsdatum,
- Erfassungsdatum (nur hilfsweise),
- Buchungsperiode,
- Erfasser,
- Betrag,
- Sachkonto,
- Buchungstext,
- Zuordnung (ggf. als Ergänzung zum Buchungstext),
- Soll-Haben-Kennzeichen (wenn nicht das Betragsfeld bereits mit positiven/negativen Vorzeichen versehen worden ist),
- Belegsumme (nur hilfsweise, wenn Eingrenzungen über den Betrag vorgenommen werden sollen).

Journaleinträge zum Ende des Geschäftsjahres oder nachträgliche Abschlussbuchungen können nur bedingt ausgewertet werden, da nicht sichergestellt werden kann, dass die Buchungen auf den 31.12. erfasst worden sind. Sofern die Buchungen auf den Jahresabschlussstichtag gebucht worden sind, also bspw. den 31.12., können diese über das Buchungsdatum selektiert werden.

Beleg	Belegdatum	Buchungsdatum	Erfassungsdatum	Erfasser	Betrag in EUR	Text
20044552	22.12.2023	31.12.2023	22.01.2024	BB	17.203,44	Holding
20044552	22.12.2023	31.12.2023	22.01.2024	BB	17.203,44	International

---

[57] ISA 240.A4.

Beleg	Beleg-datum	Buchungs-datum	Erfassungs-datum	Erfasser	Betrag in EUR	Text
20044440	08.12.2023	31.12.2023	08.01.2024	BB	69.522,36	Inter-national
20044440	08.12.2023	31.12.2023	08.01.2024	BB	69.522,36	EGNV B.V.
2013197	15.12.2023	31.12.2023	16.02.2024	GS	37.368,00	Lohnst. Nov.
2013197	15.12.2023	31.12.2023	16.02.2024	GS	1.000,00	Transfer
2013197	15.12.2023	31.12.2023	16.02.2024	GS	50.000,00	AT 1030045
2013197	15.12.2023	31.12.2023	16.02.2024	GS	273.529,74	Systems
2013197	15.12.2023	31.12.2023	16.02.2024	GS	39.592,11	CW-AG

Tab. 4.31 Buchungen zum Abschlussstichtag

Denkbar ist auch eine Auswertung über die Buchungsperioden 13–16. Dies funktioniert jedoch nur, wenn der Mandant diese Buchungsperioden für die Abschlussarbeiten verwendet. Buchungsdatum wird dann regelmäßig der 31.12. sein, also ebenfalls der Abschlussstichtag.

Ferner ist es möglich, über das Erfassungsdatum zu gehen. Buchungen, die nach dem Geschäftsjahr erfasst worden sind, also bspw. ab Februar des Folgejahres, werden üblicherweise die Abschlussarbeiten betreffen. Diese Buchungen können somit über eine Selektion des Erfassungsdatums „Ausgabe aller Buchungen mit einem Erfassungsdatum größer als Datum xx.xx.xxxx" herausgefiltert werden.

4.3 Möglicher Berichts-/Dokumentationsaufbau von Journal Entry Tests

Die Ziele, Ergebnisse und Interpretation der Journal Entry Tests müssen ausreichend dokumentiert werden. Der Dokumentationsaufbau sollte sich an den einzelnen Phasen orientieren, wobei in der Planungsphase der Journal Entry Tests (Phase 1) eine getrennte Dokumentation nicht sinnvoll ist. Diese sollte in die allgemeine Prüfungsplanung integriert werden.

In der Phase der Datenbeschaffung (Phase 2) sollten die mit dem Mandanten besprochenen Anforderungen und Selektionskriterien festgehalten werden. Gleichzeitig sollten die erhaltenen Daten zumindest nach Medium, Datum und „von wem erhalten" dokumentiert werden. Hier kann eine einfache Microsoft Excel-Datei verwendet werden, die im weiteren Verlauf der Auswertungen bzw. Ergebnisermittlung für weitere Informationen verwendet werden kann. Darüber hinaus sollte das Ergebnis der Datenübernahme angegeben werden.

> **Hinweis:** i
> Ohne Datenabstimmung sollten keine Auswertungen vorgenommen werden. Anderenfalls besteht das Risiko, dass die Daten unvollständig bzw. fehlerhaft selektiert oder übernommen worden sind. Die Auswertungen können dann fehlerhaft sein.

Die Dokumentation von Datenanforderung, Datenübernahme und Datenvalidierung kann bspw. wie nachstehend dargestellt werden:

Kopfdaten	Bezeichnung/ Erläuterung/Ergebnis	Datum	Kurzzeichen Prüfer
Mandant:	Test Mandant	26.02.2024	CW
Auftragsnummer:	123.456	26.02.2024	CW
Geschäftsjahr / Stichtag:	2023/31.12.2023	26.02.2024	CW
Zeitraum:	01.01.2023–31.12.2023	26.02.2024	CW
Daten angefordert			
Welche:	Journal	24.02.2024	CW
Bei:	J. Ive	24.02.2024	CW
Am:	24.02.2024	24.02.2024	CW
Daten erhalten			
Welche:	Journal	26.02.2024	CW
Von:	K. Kastel	26.02.2024	CW
Am:	26.02.2024	26.02.2024	CW
Art/Medium:	Sharepoint, Download Datei	26.02.2024	CW
Anzahl Datensätze (Belegzeilen):	53.678	27.02.2024	CW
Datenvalidierung			
Summe Betrag = null	Ja	27.02.2024	CW
Belegsummen = null	Ja	27.02.2024	CW
Saldenliste erfolgreich	Ja	27.02.2024	CW

Tab. 4.32 Dokumentationstabelle

Bei Bedarf kann in **Tab. 4.32** auch die Datenanforderung (welche Daten [Selektionskriterien, bei wem, wann]) ergänzend berücksichtigt werden.

In Phase 3, der Datenaufbereitung (bspw. Zusammenfügen von einzelnen Monaten, Datenfeldern, Einrichtung von Summenfeldern etc.), kann die Dokumentation auf Abstimmsummen begrenzt werden. Sofern der Mandant die Daten bspw. in zwölf Monatsdateien aufgeteilt hat, muss nach der Zusammenfügung die Gesamtzahl der Datensätze der Summe der Einzelmonate entsprechen. Dies sollte geprüft und ebenfalls dokumentiert werden.

Bei der Dokumentation der Durchführung sowie der Ergebnisse der Journal Entry Tests hat es sich bewährt, einen Überblick der Auswertungen voranzustellen. Sofern Einschränkungen oder Wesentlichkeiten berücksichtigt worden sind, sollten diese in einer Spalte ebenfalls angegeben werden. Hierdurch ist es möglich, die Eingrenzungen auch später nachzuvollziehen und bei der Ergebnisinterpretation zu berücksichtigen. In ergänzenden Spalten sollte der Ersteller nebst Datum sowie (später) der Bearbeiter nebst Datum dokumentiert werden.

Journal Entry Test	**Ziel/Erläuterung**	**Eingrenzungen (Beispiel)**
Anzahl Buchungen pro Erfasser	Wer hat wo gebucht? Ziel ist die Ausgabe, welche (manuellen) Benutzer auf welchen Konten gebucht haben. Nicht personalisierte Benutzer werden getrennt ausgegeben und gekennzeichnet. Buchungen auf den eingegrenzten Konten von nicht berechtigten Mitarbeitern sind in die IKS-Prüfung einzubeziehen.	Betrachtet wurden nur die Bereiche Umsatzerlöse, sonstiger betrieblicher Ertrag, Materialaufwand und sonstiger betrieblicher Aufwand
Manuelle Buchungen auf Automatikkonten	Was wurde wo gebucht? Auswertung, dass diese Konten keine manuellen Buchungen enthalten.	Alle Automatikkonten (bspw. Umsatzsteuerkonten)
Soll-Buchungen sowie Statistik der Umsatzerlöse	Was und wo wurde gebucht? Ziel ist die Entdeckung von Auffälligkeiten. Zu diesem Zweck werden neben den Soll-Buchungen auf Umsatzerlöskonten, ergänzende Kreuz-/PivotTabellen (Umsatzerlöskonto und Erfasser) ausgegeben. Diese sind bei der IKS-Prüfung ergänzend zu berücksichtigen.	Umsatzerlöse

Journal Entry Test	Ziel/Erläuterung	Eingrenzungen (Beispiel)
Buchungen mit ungewöhnlichen Buchungstexten	Was und warum wurde gebucht? Ungewöhnliche Buchungstexte können Anhaltspunkte für zu prüfende Einzelfälle geben. Die Daten wurden ergänzend in Form einer Kreuz-/Pivot-Tabelle nach Benutzer aufbereitet.	Ausgewählt wurden die (mandantenindividuellen) Texte: Ausbuchung, Fehler, Retoure, Storno. Automatische Benutzer wurden herausgefiltert.
Gegenkontoanalyse	Wo wurde gebucht? Ziel ist die Sichtbarmachung, welche Gegenkonten verwendet wurden. Die gesperrten Konten wurden kenntlich gemacht.	Bankkonten
Hohe Auszahlungen auf Kassenkonten	Warum wurde gebucht? Hohe Auszahlungen auf Kassenkonten sind zu prüfen. Die Auswertung enthält eine Statistik der Auszahlungen.	Kassenkonten
Zeitnahes Erfassen und zeitnahes Buchen	Wann wurde gebucht? Analyse des Buchungsverhaltens hinsichtlich der Zeitgerechtheit. Analysiert wurde die Differenz zwischen Beleg- und Erfassungsdatum (ggf. auch Buchungs- und Erfassungsdatum).	Es wurden nur Belege mit einer Differenz > 30 Tagen ausgewertet.
Buchungen an Wochenenden und Feiertagen	Wann wurde gebucht. Ziel ist die Ermittlung der Erfassungen an ungewöhnlichen Tagen. Automatische Benutzer wurden gekennzeichnet und sollten getrennt geprüft werden.	Keine
Doppelte Buchungen	Wie wurde gebucht? Aufgezeigt werden sollen Doppelerfassungen von Belegen im Haupt- und Nebenbuch. Um Zahlendreher erkennbar zu machen, wurde die Quersumme des Betrags ebenfalls ausgewertet (getrennte Auswertung).	Keine, ergänzend wurden die Kreditoren ausgewertet.
Gerundete Ziffern vor dem Komma	Was wurde warum gebucht? Gerundete Zahlen oder Endziffern können Anhaltspunkte für Manipulationen sein.	Keine

Journal Entry Test	Ziel/Erläuterung	Eingrenzungen (Beispiel)
Lückenanalyse	Wie wurde gebucht? Keine Mehrfacherfassung von Beleg- und Rechnungsnummern, aber auch keine Lücken in der Nummernvergabe. Die Lücken müssen erklärbar sein.	Journal (Belegnummer), ergänzend Rechnungsnummern der Ausgangsrechnungen
Schnittstellen	Woher kommt der Geschäftsvorfall? Abgleich zwischen Haupt- und Nebenbuch auf ordnungsgemäße Übernahme der Daten. Prüfung der Daten aus dem Vorsystem auf Auffälligkeiten wurden getrennt ausgewertet.	Personal (Vorsystem)
Buchungen zum Abschlussstichtag	Was wurde gebucht? Kenntlichmachung der Abschlussbuchungen bzw. Durchsicht auf Auffälligkeiten.	Alle Buchungen mit Buchungsdatum 31.12. bzw. Buchungen der Buchungsperioden 13–16 mit einem Betrag über 25.000,00 €.

Tab. 4.33 Beispiel Dokumentation JET

Für die Dokumentation der Ergebnisse gibt es grundsätzlich zwei Möglichkeiten. Die Ergebnisse können als getrennte Journal Entry Testing-Dokumentation gesammelt an einer Stelle der Arbeitspapiere abgelegt werden. Hier besteht das Risiko, dass die Auswertungen als reine „Nice to have"-Auswertungen betrachtet werden, aber nicht in den Prüfungsprozess eingebunden sind.

Daher ist es eher zu empfehlen, die Auswertungen im Rahmen der zugehörigen Prüffelder abzulegen. Die Erkenntnisse aus den Journal Entry Tests können so direkt im Prüfungsprozess berücksichtigt und genutzt werden. Ferner steigt die Akzeptanz im Prüfungsteam, wenn die Journal Entry Tests nicht nur als einmalige Auswertungen verstanden werden, sondern auch im weiteren Prüfungsablauf als ständiger Begleiter durch weiterführende Datenanalysen eingebunden sind. Das Nebeneinander von Journal Entry Testing und dem „normalen" Prüfungsablauf wird vermieden. Dennoch ist auch in diesem Fall ratsam, zumindest eine Komplettübersicht der durchgeführten Journal Entry Tests ergänzend an zentraler Stelle zu dokumentieren. Hier bietet sich die in **Tab. 4.33** dargestellte Übersicht an. Ergänzt um Referenzierungen zu den jeweiligen Prüfungsgebieten ergibt sich eine geschlossene Dokumentation.

Es ist nicht erforderlich, jeden einzelnen Schritt der durchgeführten Journal Entry Tests zu dokumentieren. Es ist vielmehr ausreichend, neben der Datenherkunft und deren Abstimmung die durchgeführten Journal Entry Tests (an sich) und die Ergebnisse sowie die daraus gewonnen Erkenntnisse zu dokumentieren. Der Weg von den aufbereiteten Grunddaten zu den Ergebnisdateien kann immer wieder aus den Grunddaten hergeleitet werden. Insbesondere bei der Verwendung von Makros oder Skripten ist es nicht zielführend, die Makros oder Skripte in gedruckter Form in den Arbeitspapieren abzulegen.

Um den Einsatz von Journal Entry Tests effizienter zu gestalten, sollten diese soweit möglich automatisiert ablaufen. Dazu können Makros oder Skripte verwendet werden, um die Journal Entry Tests standardisiert einsetzen zu können. Die ggf. unterschiedlichen Feldbezeichnungen und Feldformatierungen aus den jeweiligen Finanzbuchhaltungssystemen können, wie bereits unter 3.4 dargestellt, vorab manuell oder durch ein Überleitungsmakro bzw. -skript vereinheitlicht werden.

5 Weiterführende Hinweise zur Ergänzung von Journal Entry Tests durch vertiefende Datenanalysen

Über die reinen Journal Entry Tests hinaus können aus dem Journal weitere Informationen gewonnen werden. Im Journal sind bspw. die Umsatzerlöse sowie die Materialdaten aufgezeichnet. Hieraus können weitere Plausibilitätsprüfungen und/oder Korrelationen ermittelt werden. Diese können zwar auch aus der Summen-Saldenliste auf Basis der einzelnen Konten abgeleitet werden, der Vorteil beim Journal besteht jedoch in der Möglichkeit, auf die zugrunde liegenden Buchungen zurückgehen zu können. In der praktischen Umsetzung erfolgt dies über Summenbildungen über bestimmte Konten und Vergleich der Korrelationen. Um eine Summenbildung über mehrere Konten zu erreichen, können die jeweiligen Konten zu Kontengruppen zusammengefasst werden oder eine Summierung über eine ergänzende *WENN*-Funktion erfolgen.

Bei Einsatz von Microsoft Excel würde dies unter Verwendung der Funktion *SUMMEWENN*, in ACL unter Verwendung der *WENN*-Funktion beim Befehl *Summenstruktur* erfolgen. Die Anlage einer Kontengruppe bedingt die Definition einer neuen Spalte bzw. eines neuen Ausdrucks, in dem die jeweiligen Umsatzerlöskonten bspw. alle die Zuordnung „Umsatz" haben. Im Anschluss kann dann die Summierung über diese Kontengruppe erfolgen.

Ebenfalls können Zeitreihen bzw. zeitliche Entwicklungen über das Jahr hinweg, also bspw. auf Monatsbasis, gebildet werden. Hierfür werden dann Summenbildungen über die Kriterien „Buchungsmonat" und „Kontogruppe" gebildet. Auch können aus den Journalen, wenn sie über mehrere Jahre vorliegen, Entwicklungen über mehrere Jahre dargestellt werden. Hier werden schnell Entwicklungen und Trends sichtbar.

Aus den Daten des Journals können Verteilungen der Ziffern analysiert werden. Am bekanntesten sind Benford's Law und der Chi-Quadrat-Test. Benford's Law besagt, dass das Auftreten der Ziffer 1 an der ersten Stelle wahrscheinlicher ist als das Auftreten der Ziffern 2–9. Ebenso ist das Auftreten der Ziffer 2 wahrscheinlicher als das der Ziffer 3. Es ergibt sich somit eine fallende Kurve. Bei den hier verwendeten Beispieldaten würde die Kurve bei den Umsatzerlösen wie folgt aussehen:

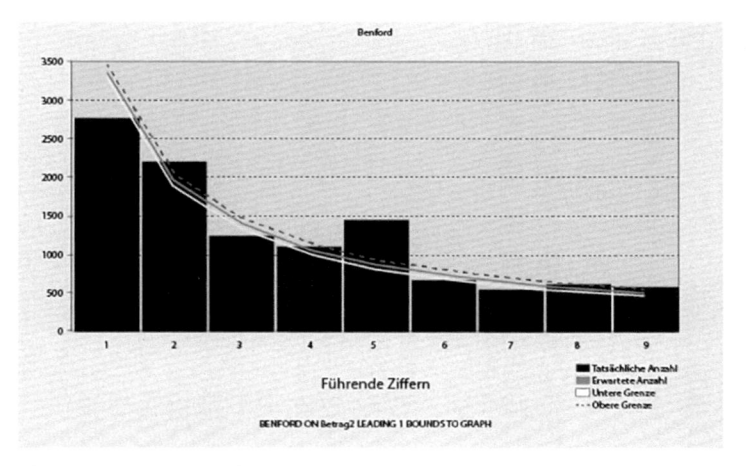

Abb. 5.1 Umsatzerlöse, Benford's Law

Auffällig wäre hier das häufige Auftreten der Ziffer 5 an der ersten Stelle. Dem könnte durch Selektion der entsprechenden Datensätze weiter nachgegangen werden. In der Praxis wird dies jedoch aufgrund des Umfangs der Datensätze nur in geringem Umfang erfolgen. Sinnvollerweise werden Erklärungen bzw. anderweitige Plausibilitätsprüfungen vorgenommen. Ein Grund könnte bspw. die Lieferung in bestimmten Los- oder Verpackungsgrößen sein. Hierdurch können sich entsprechende Häufungen ergeben.

Benford's Law kann auch auf zwei Stellen angewandt werden. Auch hier sind Ziffern mit kleineren Werten in unserer Welt häufiger anzutreffen als Ziffern mit großen Werten (Beträge die mit 11 oder 12 beginnen, sind häufiger anzutreffen als Beträge, die z.b. mit den Ziffern 31, 52 beginnen). Der Vorteil dieser Auswertung ist, dass bei großen Abweichungen zu der erwarteten Häufigkeit in der Grundgesamtheit auf sehr verdächtige Ziffernkombinationen geschlossen werden kann. Im folgenden Beispiel waren Beträge mit den Anfangsziffern 30, 32 und 97 sehr verdächtig. Nach Prüfung stellte sich heraus, dass die Beträge die gängigen Umsätze eines Verlags aus den am meisten verkauften Zeitschriften- bzw. Zeitungsabos sind, die monatlich gebucht wurden.

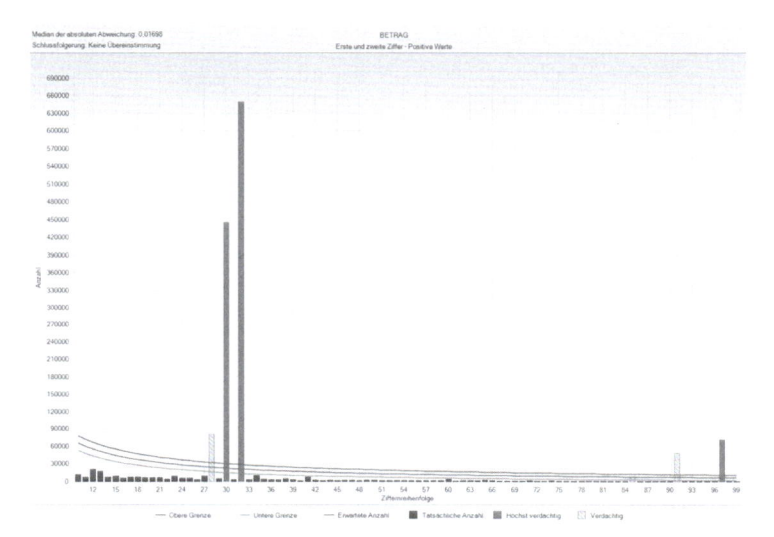

Abb. 5.2 Beispiel einer Benford-Analyse mit zwei Ziffern

> **Praxistipp:**
> Benford's Law sollte weniger zur Festlegung von Einzelfallprüfungshandlungen eingesetzt werden, sondern eher zur Darstellung im Zeitablauf. Beispielsweise können quartals- oder jahresweise Benford-Verteilungen von Umsatz und Materialaufwand Hinweise auf zu prüfende Sachverhalte geben.

Des Weiteren kann der Chi-Quadrat-Test (oder „Lieblingszahlentest") verwendet werden. Auch hier liegt die praktische Relevanz wohl eher im Bereich von Sonderprüfungen oder in mehrjährigen Vergleichen. Zu prüfende Einzelfälle sollten aus den Ergebnissen grundsätzlich nicht abgeleitet werden. Der Chi-Quadrat-Test, in der Form des Verteilungs- bzw. Anpassungstests, macht eine Aussage darüber, ob die vorhandene Häufigkeit sich signifikant von der erwarteten Häufigkeit unterscheidet. Bei Manipulationen weisen einzelne Ziffern aufgrund von „Lieblingszahlen" oftmals eine höhere Anzahl auf. Dieses Wissen kann dann bspw. bei der Prüfung von Kassenbuchhaltungen verwendet werden. Der ermittelte Chi-Wert ist dann ein Maß für die Übereinstimmung der vorhandenen Zahlenverteilung im Verhältnis zu der im Kassenbuch erwarteten Zahlenverteilung. Je größer der Chi-Wert ist, desto höher ist die Wahrscheinlichkeit für Manipulationen. In der Praxis ist der Chi-Wert jedoch allein nie ausreichend. Es müssen immer ergänzende, weitere Aspekte für die Annahme von Manipulationen berücksichtigt werden.

Journal Entry Tests werden derzeit häufig nur auf das Hauptbuch bezogen. Eine Erweiterung auf die Nebenbücher, wie bspw. Anlagevermögen, Debitoren oder Kreditoren, ist äußerst sinnvoll. Die in 3.5 dargestellten Grundauswertungen können auch auf die Nebenbücher bezogen werden. Auch dort stellen sich die sieben W-Fragen: „Wer hat was, wo, wann, wie und warum gebucht?" Ergänzt wird dies um die Frage: „Woher kommt der Geschäftsvorfall?" Die für die Nebenbücher benötigten Daten können entweder aus den GoBD-konformen Daten selektiert oder direkt aus den entsprechenden Tabellen und Auswertungen des Finanzbuchhaltungssystems gezogen werden. Hierbei ist zu berücksichtigen, dass die Auswertungen aus den Finanzbuchhaltungssystemen oftmals eine mehrzeilige Struktur ausgeben, die sich nicht direkt in eine einzeilige Struktur überführen lässt.

```
06.07.2023   Anlagen - Zugaenge                                                          Handelsrecht   2023    1
Anl.Nr. WK    Aktivdat    AfA Beginn   Dauer Proz. Lieferant  Bezeichnung
        Kostl.  Standort  Son Beginn   Dauer Proz. Plansatz
     BA Belegnr. Bu-Datum  BWA Bez.Dat.  G Gegenkonto Referenznr        Menge  Eh      Zugang   N-AfA a. Zug.   S-AfA a. Zug.
Buchungskreis 01 Sachkonto 00022000 Anlagenklasse 2200
22000034 000        01.01.2023 101 01.01.2023 03.00  33,33 0000068043 Netexpress WindowsServer  V22.0 CD P FP Bundle
         11030
     IR 30000318 13.01.2023 221 01.01.2023 K 0000068043          101248      0,000        6.150,00       2.050,00
22000035 000        01.01.2023 101 01.01.2023 03.00  33,33 0000068043 Netexpress WindowsServer  V22.0 CD P FP Bundle
         11030
     IR 30000318 13.01.2023 221 01.01.2023 K 0000068043          101248      0,000        6.150,00       2.050,00
22000036 000        01.01.2023 101 01.01.2023 03.00  33,33 0000068043 Netexpress WindowsServer  V22.0 CD P FP Bundle
         11030
     IR 30000318 13.01.2023 221 01.01.2023 K 0000068043          101248      0,000        6.150,00       2.050,00
22000037 000        01.01.2023 101 01.01.2023 03.00  33,33 0000068043 Netexpress WindowsServer  V22.0 CD P FP Bundle
         11030
     IR 30000318 13.01.2023 221 01.01.2023 K 0000068043          101248      0,000        6.150,00       2.050,00
22000038 000        01.01.2023 101 01.01.2023 03.00  33,33 0000068043 Netexpress WindowsServer  V22.0 CD P FP Bundle
         11030
     IR 30000318 13.01.2023 221 01.01.2023 K 0000068043          101248      0,000        6.217,07       2.072,07
```

Abb. 5.3 Mehrzeilige Auswertung

Bei der in **Abb. 5.3** dargestellten mehrzeiligen Auswertung geht der relevante Datensatz über mehrere Zeilen. Um dieses in eine einzeilige Struktur zu überführen, vgl. **Abb. 5.4**, können Programme wie ACL oder IDEA verwendet werden.[58]

---

[58] Die Umsetzung erfolgt bspw. in ACL über *Datei – Neu – Tabelle,* Auswahl *Druckdateienbericht.* Alternativ ist die Auswahl über eine Zeile (Filter)-/Spalten (Datenfeld)-Definition möglich.

BK	Konto	Klasse	Anlage	Aktivierungs-datum	Lieferant	Abschreibungs-beginndatum	Belegart	Beleg	Betrag
01	00022000	2200	22000034	01.01.2023	0000068043	01.01.2023	IR	30000318	2.050,00
01	00022000	2200	22000035	01.01.2023	0000068043	01.01.2023	IR	30000318	2.050,00
01	00022000	2200	22000036	01.01.2023	0000068043	01.01.2023	IR	30000318	2.050,00
01	00022000	2200	22000037	01.01.2023	0000068043	01.01.2023	IR	30000318	2.050,00
01	00022000	2200	22000038	01.01.2023	0000068043	01.01.2023	IR	30000318	2.072,07
01	00022000	2200	22000039	01.01.2023	0000068043	01.01.2023	IR	30000341	1.743,00
01	00022000	2200	22000040	28.04.2023	0000068043	01.04.2023	IR	30000341	1.756,38
01	00081000	8100	81000256	12.01.2024	0000065000	01.04.2024	IR	30000328	1.763,00
01	00081000	8100	81000256	12.01.2024	0000065000	01.04.2024	IR	30000329	6.172,00

Abb. 5.4 Umgesetzter mehrzeiliger Report; Selektion auf ausgewählte Felder

Die umgesetzten einzeiligen Daten können im Anschluss auch ohne Weiteres nach Microsoft Excel exportiert[59] und dort weiter ausgewertet werden.

> **Praxistipp:**
> Mehrzeilige Reports können am einfachsten aus dem Format ASCII (unkonvertiertes Text-Format) in eine einzeilige Struktur umgesetzt werden. Eine Konvertierung bzw. Umsetzung von PDF-Dateien ist möglich, führt aber oftmals zu Datensatzverschiebungen (ist also in der Umsetzung oft deutlich aufwendiger). Es sollten daher beim Mandanten, soweit als möglich, keine PDF-Dateien angefordert werden.

Vorliegende Daten aus dem Nebenbuch können ergänzend nach den vorliegenden Feldern ausgewertet werden. Beispielsweise können im Bereich Anlagevermögen Klassifizierungen oder Summenbildungen über das Feld „Bewegungsart" oder im Bereich der offenen Posten Debitoren/Kreditoren über die Felder „Währung" und „Belegart" erfolgen. Klassifizierungen über das Feld „Währung" zeigen sofort die vorhandenen Währungen nebst dem Betrag in der eingebuchten Währung sowie in Hauswährung an. Hieran können die verwendeten Umrechnungskurse (Stichtagsumrechnung nach § 256a HGB) zielgerichtet geprüft werden.

Währung	An-zahl	Prozent der Anzahl	Prozent des Feldes	Betrag in Fremdwährung	Betrag in EUR
CHF	2	0,05%	0%	166,45	137,50
EUR	3.912	99,95%	100%	33.281.657,82	33.281.657,82
Summen	3.914	100%	100%	33.281.824,27	33.281.795,32

Tab. 5.1 Klassifizierung nach der Währung

Der verwendete Umrechnungskurs kann nun direkt ermittelt und auf seine Richtigkeit geprüft werden.

---

[59] In ACL erfolgt dies über *Daten – Exportieren* und *Exportieren* in Microsoft Excel.

Ebenso zeigt bspw. eine Auswertung nach dem Feld „Belegart", was gebucht worden ist.

Belegart		Anzahl	Prozent der Anzahl	Prozent des Feldes	Betrag in EUR
AZ	Anzahlung	1	0,03%	0%	−188,50
KG	Gutschrift	104	2,66%	−22,48%	−7.482.582,87
KP	Kontenpflege	3	0,08%	−0,15%	−50.842,49
KR	Rechnung	1	0,03%	0%	−117,53
RE	Rechnung	3.684	94,12%	122,80%	40.871.274,05
RN	Rechnung	39	1%	0,18%	59.912,06
SM	Sachkontenbeleg manuell	12	0,31%	−0,09%	−29.602,90

Tab. 5.2 Klassifizierung nach Belegart

Aus dieser Übersicht ist zielgerichtet ersichtlich, was (hier) bei den offenen Posten Kreditoren gebucht worden ist. Die Belege zur Kontenpflege könnten wie die hohe Zahl der Gutschriften sowie die manuellen Sachkontenbelege im weiteren Prüfungsverlauf ausgewertet und geprüft werden.

Im Rahmen der Prüfung ist es somit hilfreich, die vorhandenen Felder „einfach mal so" zu klassifizieren, um so Anhaltspunkte für weitere Auswertungen und Prüfungshandlungen zu bekommen. Es ist jedoch nicht erforderlich, allen Auffälligkeiten im Rahmen der Prüfung nachzugehen. Es sollten vielmehr immer die prüferischen Fragestellungen sowie die Wesentlichkeitsgrenzen Berücksichtigung finden. Nur so kann die Wirtschaftlichkeit der Prüfung durch den (vermehrten) Einsatz von Journal Entry Tests (im weiten Sinne) verbessert werden.

Derzeit ist das Thema KI in aller Munde. Tools wie ChatGPT oder Copilot von Microsoft sind erst der Anfang, wenn auch deren Verwendung für laufenden Datenanalysen oder Erstellungen sicherlich noch als experimentell zu bezeichnen ist. Dennoch können bereits jetzt Fragestellung nach dem Aufbau einer benötigten Formel oder der gewünschten Umsetzung in Microsoft Excel mittels Dialog mit ChatGPT oder Copilot gelöst werden. Bei der Auswertung von nicht anonymisierten Mandantendaten ist jedoch Vorsicht geboten. ChatGPT nutzt die ihm zur Verfügung gestellten Daten als Lernbasis. Daher ist es aus Gründen der Verschwiegenheit und des Datenschutzes nicht zulässig, (echte) Mandantendaten mit ChatGPT zu teilen. Der Copilot von Microsoft enthält hingegen in Enterprise Versionen eine geschützte Ansicht. Dies ist (derzeit) durch ein grünes Rechteck mit dem Inhalt „Geschützt" ersichtlich. Damit wird dem Copiloten sozusagen „verboten", aus den Daten zu lernen. Dennoch sollte dies immer individuell geprüft werden, bevor insbesondere web-basierte KI-Tool mit (echten) Daten „gefüttert" werden. Befindet man sich aber in der geschützten Ansicht, ist es schon heute möglich, durch geschicktes Chatten mit der KI-Assistenz Fragestellungen und auch Antworten auf Basis der Daten zu bekommen.

In Abhängigkeit von der vorhandenen Microsoft Excel-Version ist es zudem möglich, über Add-Ins, wie bspw. ChatGPT for Excel, eine Formelassistenz hinzuzufügen. Damit kann ChatGPT in bestehenden Microsoft Excel-Auswertungen eingebunden werden.

Darüber hinaus kann die Datenanalyse in Microsoft Excel über den Menüpunkt *Start – Datenanalyse* verwendet werden. Hier ergeben sich manchmal interessante Ansätze, die sicherlich oftmals weiter verfeinert werden müssen, aber zumindest Ideen für weiterführende Auswertungen geben können.

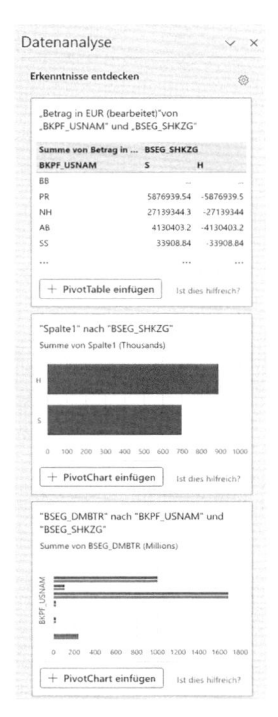

Abb. 5.5 Excel, Datenanalyse

Die KI-basierten Tools und Einbindungen stecken aktuell sicherlich noch in den Kinderschuhen. Dennoch lohnt es sich die Entwicklungen im Auge zu behalten und deren weitere Einbindungen in laufende Datenanalysen zu beobachten.

6 Anlage

Belegfelder zur Durchführung der genannten JET am Beispiel SAP.

Tabelle BKPF

Feldname	Kurzbeschreibung	Feldtyp	Feldlänge
BELNR	Belegnummer eines Buchhaltungsbelegs	C	10
BKTXT	Belegkopftext	C	25
BLART	Belegart	C	2
BLDAT	Belegdatum im Beleg	D	8
BUDAT	Buchungsdatum im Beleg	D	8
BUKRS	Buchungskreis	C	4
BVORG	Nummer eines buchungskreisübergreifenden Buchungsvorgangs	C	16
CPUDT	Tag der Erfassung des Buchhaltungsbelegs	D	8
CPUTM	Uhrzeit der Erfassung	T	6
DBBLG	Belegnummer der Dauerbuchung	C	10
GJAHR	Geschäftsjahr	N	4
GRPID	Name der Batch-Input-Mappe	C	12
HWAER	Hauswährung	C	5
MONAT	Geschäftsmonat	N	2
PPNAM	Benutzer, der den Beleg vorerfasst hat	C	12
PSOBT	Buchungstag	D	8
PSODT	Datum der letzten Änderung	D	8
REINDAT	Rechnungseingangsdatum	D	8
RLDNR	Ledger in der Hauptbuchhaltung	C	2
SNAME	Benutzername	C	12
STBLG	Belegnummer des Stornobelegs	C	10
STGRD	Grund für Storno oder Umkehrbuchung	C	2
STJAH	Geschäftsjahr des Stornobelegs	N	4
STODT	Geplantes Datum für die Umkehrbuchung	D	8
UPDDT	Datum der letzten Belegfortschreibung	D	8
USNAM	Name des Benutzers	C	12

XBLNR	Referenz-Belegnummer	C	16
XMWST	Steuer automatisch rechnen?	C	1
XREVERSAL	Gibt an, ob ein Beleg Stornobeleg oder stornierter Beleg ist	C	1

Tabelle BKPF

Feldname	Kurzbeschreibung	Feldtyp	Feldlänge
ABPER	Abrechnungsperiode	N	6
AGZEI	Ausgleichsposition	P	5
AUFNR	Auftragsnummer	C	12
BELNR	Belegnummer eines Buchhaltungsbelegs	C	10
BSCHL	Buchungsschlüssel	C	2
BUKRS	Buchungskreis	C	4
BUZEI	Nummer der Buchungszeile innerhalb des Buchhaltungsbelegs	N	3
BUZID	Identifikation der Buchungszeile	C	1
DMBTR	Betrag in Hauswährung	P	13
EBELP	Positionsnummer des Einkaufsbelegs	N	5
EGBLD	Bestimmungsland für Warenlieferung	C	3
EGLLD	Lieferland bei Warenlieferung	C	3
GJAHR	Geschäftsjahr	N	4
HKONT	Sachkonto der Hauptbuchhaltung	C	10
HZUON	Zuordnungsnummer für Sonderhauptbuchkonten	C	18
KOART	Kontoart	C	1
LOKKT	Alternative Kontonummer im Buchungskreis	C	10
MANDT	Mandant	C	3
MATNR	Materialnummer	C	18
MWSKZ	Umsatzsteuerkennzeichen	C	2
NAVHW	Nicht abzugsfähige Vorsteuer (in Hauswährung)	P	13
PSWBT	Betrag für die Fortschreibung im Hauptbuch	P	13
PSWSL	Fortschreibewährung für Hauptbuchverkehrszahlen	C	5
RE_ACCOUNT	Zahlungsbasiertes Hauptbuch: Aufwands- bzw. Ertragskonto	C	10

RE_BUKRS	Zahlungsbasiertes Hauptbuch: Buchungskreis für Aufwand/Ertrag	C	4
REBZG	Belegnummer der Rechnung, zu der der Vorgang gehört	C	10
REBZJ	Geschäftsjahr der zugehörigen Rechnung (bei Gutschrift)	N	4
REBZT	Art des Folgebelegs	C	1
REWRT	Erfasster Rechnungswert in Hauswährung	P	13
REWWR	Erfasster Rechnungswert in Fremdwährung	P	13
SAKNR	Nummer des Sachkontos	C	10
VORGN	Vorgangsart für General Ledger	C	4
WERKS	Werk	C	4
WMWST	Steuerbetrag in Belegwährung	P	13
WRBT1	Betrag in Fremdwährung für Steueraufteilung	P	13
WRBTR	Betrag in Belegwährung	P	13
XREF3	Referenzschlüssel zur Belegposition	C	20
ZUMSK	Ziel-Sonderhauptbuch-Kennzeichen	C	1
ZUONR	Zuordnungsnummer	C	18

Bei Einsatz von SAP S/4 HANA befinden sich die Felder in der Tabelle ACDOCA.

Abbildungsverzeichnis

Abb. 1.1 Verhältnis von allen Buchungen bis zur Fehleridentifikation auf Basis von JET anhand eines Beispiels 8
Abb. 2.1 Einzeiliger Buchungssatz 22
Abb. 2.2 Zweizeiliger Buchungssatz 22
Abb. 2.3 Mehrzeiliger Buchungssatz 23
Abb. 3.1 Phasen der Journal Entry Tests 24
Abb. 3.2 Aufbau einer index.XML-Datei 28
Abb. 3.3 Ansicht des Inhalts einer XML-Datei 29
Abb. 3.4 Einlesen der Daten in Power Query 30
Abb. 3.5 Power Query Daten transformieren 31
Abb. 3.6 Ansicht der Daten in Power Query 31
Abb. 3.7 Power Query, bedingte Spalte hinzufügen 33
Abb. 3.8 Power Query, bedingte Spalte anpassen 34
Abb. 3.9 Power Query, bedingte Spalte bearbeiten 34
Abb. 3.10 Power Query, Gruppieren nach 35
Abb. 3.11 Power Query, Schritt löschen 36
Abb. 3.12 SAP-Gesamtjournal 39
Abb. 3.13 Power Query, Abfragen zusammenführen 39
Abb. 3.14 Power Query, Abfragen zusammenführen, Dialog 40
Abb. 3.15 Power Query, Abfragen zusammenführen, Felder erweitern 41
Abb. 4.1 Power Query, Gruppieren nach Benutzer 49
Abb. 4.2 Microsoft Excel, Pivottabelle 53
Abb. 4.3 Microsoft Excel, Pivottabelle, Feldwahl 53
Abb. 4.4 Beispielhafte Darstellung der Zeitstempel 65
Abb. 4.5 Zeitgerechte Erfassung von Geschäftsvorfällen bedeutet periodengerecht und zeitnah 66
Abb. 4.6 Power Query, Neue Spalte mit Differenz in Tagen 67
Abb. 5.1 Umsatzerlöse, Benford's Law 92
Abb. 5.2 Beispiel einer Benford-Analyse mit zwei Ziffern 93
Abb. 5.3 Mehrzeilige Auswertung 94

Abb. 5.4 Umgesetzter mehrzeiliger Report; Selektion auf ausgewählte Felder 95

Abb. 5.5 Excel, Datenanalyse 97

Tabellenverzeichnis

Tab. 1.1	Beispielhafte JET-Abfragen gemäß dem Center for Audit Quality ... 9
Tab. 2.1	Merkmale von Stamm- und Bewegungsdaten ... 19
Tab. 2.2	Beispiel Stammdaten ... 20
Tab. 2.3	Beispiel Bewegungsdaten ... 20
Tab. 2.4	Auszug Buchungsjournal ... 21
Tab. 3.1	Prüfungsprogramme, Vor- und Nachteile ... 26
Tab. 3.2	JET-Datenfelder ... 27
Tab. 3.3	Auszug aufbereitetes Buchungsjournal ... 33
Tab. 3.4	Auszug Abstimmungssumme pro Beleg ... 35
Tab. 3.5	Auszug Buchungsjournal, Summenbildung ... 42
Tab. 3.6	Auszug Buchungsjournal, Summenbildung ergänzt ... 42
Tab. 3.7	Standarddatensatz ... 43
Tab. 4.1	Aussagen in der Rechnungslegung ... 46
Tab. 4.2	Journal Entry Tests und Aussagen in der Rechnungslegung ... 47
Tab. 4.3	Übersicht der Erfasser ... 49
Tab. 4.4	Übersicht Konten des Benutzer AU ... 51
Tab. 4.5	Übersicht Erfasser für Konto 609030 ... 51
Tab. 4.6	Kreuztabelle Umsatzerlöse, Buchungsperiode und Benutzer ... 52
Tab. 4.7	Kreuztabelle Soll-Buchungen Umsatzerlöse ... 56
Tab. 4.8	Soll-Buchungen, auffällige Einzelposten ... 56
Tab. 4.9	Kreuztabelle Umsatzerlöse Erfasser ... 57
Tab. 4.10	Kreuztabelle der Buchungen mit dem Text „Storno" für Sachkonto und Benutzer ... 59
Tab. 4.11	Einzelposten ungewöhnlicher Buchungstexte ... 60
Tab. 4.12	Ergebnis Gegenkontenanalyse ... 62
Tab. 4.13	Gegenkonto Umsatzerlöse ... 63
Tab. 4.14	Kassenbuchungen ... 64
Tab. 4.15	Zeitstempel in der Buchhaltung ... 65
Tab. 4.16	Übersicht Differenz in Tagen zwischen Erfassungs- und Belegdatum ... 68

Tab. 4.17 Einzelposten Differenz in Tagen zwischen Erfassungs- und Belegdatum ... 69
Tab. 4.18 Durchschnittliche Erfassungszeit pro Erfasser ... 71
Tab. 4.19 Übersicht Differenz in Tagen zwischen Erfassungs- und Buchungsdatum ... 71
Tab. 4.20 Einzelposten Differenz in Tagen zwischen Erfassungs- und Buchungsdatum ... 72
Tab. 4.21 Übersicht Differenz in Tagen zwischen Beleg- und Buchungsdatum ... 73
Tab. 4.22 Übersicht Wochentag der Erfassung ... 75
Tab. 4.23 Erfasser, die am Wochenende gebucht haben ... 75
Tab. 4.24 Doppelte Buchungen ... 76
Tab. 4.25 Doppelte Buchungen, Quersumme ... 77
Tab. 4.26 Gerundete Ziffern vor dem Komma, Ergebnisdarstellung, Datensatzauszug ... 78
Tab. 4.27 Schnittstelle, Datenaufbau Vorsystem, Einzelposten ... 82
Tab. 4.28 Schnittstelle, Übertragung der summierten Belege im Hauptbuch ... 82
Tab. 4.29 Schnittstelle, Summe pro Sachkonto auf Ebene des Journals ... 83
Tab. 4.30 Schnittstelle, Gegenüberstellung Neben-/Hauptbuch ... 83
Tab. 4.31 Buchungen zum Abschlussstichtag ... 85
Tab. 4.32 Dokumentationstabelle ... 86
Tab. 4.33 Beispiel Dokumentation JET ... 89
Tab. 5.1 Klassifizierung nach der Währung ... 95
Tab. 5.2 Klassifizierung nach Belegart ... 96

Stichwortverzeichnis

A
Abschlussbuchungen 70
Abstimmhandlungen 32
Analyse von Gegenkonten 15
auffällige Buchungen 8
Auszahlungen 15, 64
Automatikkonten 54
Automatisierung 43

B
Beleg 68, 70
Belegdatum 16, 68
Belegebene 21
Benford's Law 79, 91, 92
Bewegungsdaten 19, 20
Buchungen pro Erfasser 48
Buchungs 21
Buchungsdatum 16
Buchungsjournal 21, 35, 83
Buchungsperiode 70, 72
Buchungsperioden 85

C
Center for Audit Quality 9
Chi-Quadrat-Test 79, 91, 93
CPU-Datum 44

D
Datenanforderung 86
Datenaufbereitung 87
Datenbeschaffung 24
Datensatzstruktur 22
dolose Handlungen 11
Doppelbuchungen 16
Doppelerfassungen 16, 75, 77
durchschnittliche
  Erfassungszeit 71

E
EDA Software 25
Entdeckungsrisiko 11, 16
Erfassungsdatum 16, 21, 68, 70, 85
ERSETZEN 80

F
Fehlerrisiken 17
Fehlerrisikoüberlegungen 17
Feiertage 15, 47, 73
Fiktive Journaleinträge 12, 16
FINDEN 78, 79

G
Ganzbuchungssätze 21
GDPdU 25, 94
Gegenkonten 61, 62, 63
Gegenkontoanalyse 21, 48
gerundete Zahlen 16
gerundete Ziffern 78
Gesamtjournal 38
Gesamtjournaldatei 37
GLÄTTEN 80
Grundabstimmungen 37

H
Hauptbuch 13, 15, 82
Hauptprüfung 10, 24

I
IDW PH 9.330 13
IDW PS 330 13
IKS 69
IKS-Prüfung 50, 51, 56, 57
ISA 240 10, 12, 17, 84

K
Kreuz 59
Kreuztabelle 52, 54, 56, 63
kritischen Stammdaten 14

L
Lieblingszahlentest 93
Lückenanalyse 79, 80

M
Manipulationen 15, 16, 47
Mindestumfang 17

N
Nebenbuch 82

P
Periodenabgrenzung 12, 69
Periodenzuordnung 61, 65

Q
Quersumme 77

R
Rechnungslegungsrelevante Daten 13
REMOVE 80
Risikobereiche 10

S
SAP-System 38
Schnittstelle 17, 80, 82
Schnittstellenprüfung 81
Soll-Buchungen 55
Soll-Konzept 14
Stamm- 19
Stammdaten 20
Statistik der Umsatzerlöse 15, 48
Steuerschlüssel 54
STRING 79
SUCHEN 78, 80

Summen-Saldenliste 37
SUMMEWENN 42, 83, 91
SVERWEIS 83

T
Tabelle 59
TEXT 74

U
Überleitungsmakro 90
Umsatzerlöskonten 52
Umsatzsteuerjahreserklärung 69
Umsatzsteuervoranmeldung 69
ungewöhnliche Buchungstexte 15, 16, 47, 57, 59
ungewöhnliche Tage 74
ungewöhnliche Texte 16
ungewöhnliche Zeiten 15

V
Vollständigkeit 32, 37, 47
Vorprüfung 10, 24
Vorsystem 81

W
WECHSELN 80
WENN 91
Wesentlichkeits- 23, 55, 96
Wesentlichkeitsgrenze 41, 52
„W-Fragen" 13, 45, 82, 94
Wochenende 15, 47, 73
Wochentags 74

Z
Zeitgerechtheit 65
zeitnahe Buchung 47
zeitnahe Erfassung 47
zeitnahes Buchen 16
zeitnahes Erfassen 16
Zeitstempel 65